Philosophie erzählt

Volkmar Mühleis

Das Begräbnis des Philosophen

Volkmar Mühleis (* 1972) lehrt Philosophie und Ästhetik an der LUCA School of Arts in Brüssel und Gent. Zu seinen Veröffentlichungen zählen philosophische Monographien ebenso wie literarische Texte und Lieder. Er ist Mitglied diverser Fachgesellschaften (wie der Gesellschaft für phänomenologische Forschung) und Ensembles, darunter die Gruppe Brussels Cleaning Masters und das Volkmar Mühleis Quartett.

Volkmar Mühleis

Das Begräbnis des Philosophen

Eine Novelle

Verlag Karl Alber Freiburg / München

MIX
Papier aus verantwortungsvollen Quellen
FSC® C083411
www.fsc.org

Originalausgabe

www.verlag-alber.de

Umschlagzeichnung: Daniel Hees
Satz: SatzWeise, Bad Wünnenberg
Herstellung: CPI books GmbH, Leck

Printed in Germany

ISBN 978-3-495-49202-4

I.

Es war der 7. September, als ich mit dem Bus zum Krematorium hinausfuhr. *Crematorium Westlede* stand als Endstation angeschrieben, und so mischte und veränderte sich das Publikum im Bus, während seiner Fahrt vom Bahnhof durch die Stadt in die Vororte, von umherstreifenden Jugendlichen, Familien und älteren Damen mit Einkaufswägelchen, hin zu einsamen oder in kleinen Grüppchen fahrenden Erwachsenen, dunkel gekleidet, mit Blumen im Arm. Die Unterwelt, das waren die anonym ins Land ausgreifenden Siedlungen, endlose Straßen gleicher Reihenhäuser, die in Felder mündeten, auf denen auch bald gebaut würde. Solange durfte dort noch ein Pferd stehen, auf dem die Kinder im Kreis ritten, der Bauer war schon lange ausbezahlt. So stellte ich es mir vor, kannte ich es von Freunden, die mit ihren Familien auch in Stadtnähe das Grüne gesucht hatten, das Weite. Acht gleiche Hüpfburgen zählte ich einmal im Vorbeifahren an acht der gleichen Gärten. Charon schien Hüpfburgenverkäufer, Stadtplaner und Busfahrer in einem geworden zu sein, eine hybride Gestalt, der zeitgeistgewordene, in allem anwesende, in den Alltag gekleidete Gefährte zum Tod. Bis zum Krematorium selbst fuhren nur Trauergäste, schauten einander an, ob man den einen oder andere kennt, vielleicht grüßen sollte, schließlich hatte man den gleichen Weg. Ich kannte niemanden. Auch einige andere Männer waren allein gekommen, manche mit eleganten Regenschirmen, eng gebunden, konservative, argwöhnische, vielleicht auch nur liebenswürdige Geister, Herren von der Universität. Über zwanzig Jahre war der Philosoph Professor an der *Rijksuniversiteit* gewesen, sicher würde es einige Ansprachen geben, würden Kollegen aus dem In- und Ausland Abschied von ihm nehmen wollen, war er doch zeitlebens in Frankreich, in Deutschland, in Belgien aufgetreten, mit Herausgaben und Übersetzungen bedeutender Werke seiner Forschungsrichtung wie auch mit eigenen, umfangreichen Schriften. Es fing tatsächlich an zu regnen, und die Herren verteilten sich im Radius ihrer Schirme auf der langen Straße zum Krematorium. Als hätte Charon gesagt: *Das letzte Stück müsst Ihr alleine gehen.* Hier endeten die Bebauungen, lief man entlang der großzügig angelegten Parkplätze, an Baumreihen und Büschen vorbei, hinter denen sich Grünanlagen verbargen; Felder zum Ausstreuen der Asche? Durfte in Belgien die Asche im Freien verstreut werden? Ich wusste es nicht. War der Ort geweiht, im weltlichen Sinn, als Friedhof dafür bestimmt, die Asche hier allein verstreuen zu dürfen? Geschützt, als Ort ohne jeden anderen Zweck, der Rationalität um ihn herum entrissen, ausgesondert? Heute lachen wir über den *Tempel der Vernunft*, wie man ihn zu Zeiten der Französischen Revolution einweihte, der Aufklärung eine ewige Stätte zu geben, das Denken selbst als unantastbar zu erklären. Das Denken, die Würde des Menschen. Die Würde des Menschen, an einem Septembertag mit leichtem Nieselregen, am Rand von Gent, in einem Bezirk ganz den Toten geweiht, einer Totenstadt ohne Jenseits, bestehend nur aus einem Gebäude und den angrenzenden Wiesen, Tempel der unfassbaren Vernunft. Unfassbar für den, der den Abschied nicht als solchen zu verstehen gelernt hat, der keinen Frieden mit der Endlichkeit findet. Ob die Professoren vor mir, Würdenträger der Vernunft, den Abschied so zu begreifen gelernt hatten? Hatte ihnen das Wissen die Angst genommen, hatten sie sich selbst mit zu relativieren, zu verlieren gelernt? Waren sie Hohlgestalten ihrer unendlichen Einsichtigkeit, Durchsichtigkeit, Objektivierung? Das Äußere nur machte sie zu solchen Gestalten, *Gewandfiguren im Regen*, mit ihren gleichsam langen Mänteln, den schwarzen, straff gespannten Schirmen. Dazwischen reihten sich Paare ein, die wohl mit dem Auto gekommen waren, wie die meisten Gäste. Hier und da begrüßte man sich, bildeten sich Trauben von kleinen Grüppchen, manche blieben kurz stehen, andere liefen weiter vor, Autos bahnten sich ihren Weg durch die Menge. Schon auf dem Hinweg fiel mir auf, dass die Bestattung des Philosophen nicht die einzige sein konnte, die für diesen Tag angesetzt war, zu unterschiedliche Gruppen von Familien und Besuchern verteilten sich auf den Wegen zu den einzelnen

Feldern. Vielleicht lagen hinter den Büschen und Hecken nur die Urnengräber, würde die Asche hier gar nicht verstreut?

Ein weiter Bogen führte zum Vorplatz der Trauerhalle. Die Gäste schienen noch alle draußen zu warten, sammelten sich unter dem ausgeschwungenen Vordach. Ich erkannte einige ältere Männer, die mit dem Philosophen jahrelang privat debattiert hatten, in einer Gesprächsrunde, die einmal im Monat in einem Saal über einem Café gleich neben dem Stadttheater zusammengekommen war. Einmal war ich dort zu Gast gewesen, hatte selbst vorgetragen, mich ihren Fragen gestellt. Sie erkannten mich nicht. Erleichtert ging ich an ihnen vorbei und stellte mich abseits in eine Ecke unter das Vordach.

II.

Erst seit wenigen Tagen standen die Möbel im neuen Haus, als am Telefon sich ein alter Mann nur mit seinem Vornamen vorstellte, als wären wir lange schon Freunde. Überrascht ließ ich mich auf einen freundlichen Plausch ein. Hatte er sich in der Nummer geirrt, auf seinem Telefon die falsche Taste der eingespeicherten Verbindungen gedrückt? Er schien nicht verwirrt, ganz im Gegenteil, hellwach und mitteilsam war er und ließ sich ebenfalls auf den Plausch ein. Nach einer Weile des redseligen Beschnupperns fragte er plötzlich, wie um das Spiel zu beenden, ob ich denn nicht wissen wolle, warum er überhaupt anrufe. Er war keiner der geistig verträumten Alten, denen man als Jüngerer mit Nachsicht und viel Geduld begegnen mag, *lass sie mal reden,* was auch immer an Geschichten, Verwirrungen, Anekdoten sich vor einem auftat, eine versunkene Welt. Nein, mein Gesprächspartner bat mich, die Partie zu eröffnen, *jetzt bist du am Zug,* also gut, *worum geht's?* Mein neuer Freund erzählte mir, dass er seit längerer Zeit fast erblindet sei und weder schreiben noch lesen könne. Er hätte zwar jemanden, der ihm hilft, dem er seine Überlegungen diktieren könne. Doch der Assistent beherrschte das Deutsche nicht fehlerfrei, und auch wenn er fast sein ganzes Berufsleben auf Niederländisch gearbeitet habe, philosophieren mochte er nur in seiner Muttersprache. Ob ich die Notizen seines Mitarbeiters nicht verbessern könnte, er wollte die Texte der ein oder anderen Zeitschrift anbieten. »Sehr gern«, sagte ich. Wir verabredeten die weiteren Schritte, dass ich die beiden kurzen Manuskripte über Mail erhalten sollte, sie durchgehe, mich telefonisch bei ihm melde, und wir ein Treffen vereinbaren würden, um die nötigen Verbesserungen zu besprechen. Er schien hörbar erleichtert; seine Stimme beruhigte sich.

Ich blieb noch einen Augenblick im Sessel sitzen. Acht, neun Jahre wird es her gewesen sein, seit wir uns das letzte Mal sahen. Und auch davor waren wir uns nur einmal begegnet.

Ein Student unserer Hochschule hatte mich darauf aufmerksam gemacht, dass an der Universität *jemand wie Sie* – sprich ein Deutscher, der in seinem besten Bemühen ums Niederländische Philosophie unterrichtete – Vorlesungen halte. Einen Kollegen mochte ich ihn nicht nennen, denn ein Blick in meinen Bücherschrank verriet mir, dass ich ihn bereits über 518 Seiten lang kennengelernt hatte, in seinen Worten einer Übersetzung aus dem Französischen, mit eigenen Bemerkungen vorab, geschrieben *im Mai 1965* in Leuven. Der Mai steht als Blüte dem Tod entgegen, verbindet sich mit ihm, wenn er im letzten Satz dem Autor dankt, der kurz vor seinem Tode *noch die Arbeit an dieser Übersetzung auf den Weg hat bringen können.* Ein plötzlicher Tod damals, im Mai 1961. Der französische Philosoph war einer der ersten gewesen, die das Archiv in Leuven besucht hatten, um die vor den Nazis geretteten Manuskripte von Edmund Husserl, dem Begründer einer der einflussreichsten philosophischen Richtungen des 20. Jahrhunderts, einzusehen – *Phänomenologie* war denn auch das Stichwort seines Buches, das im Original bereits 1945 erschienen war und zwanzig Jahre später dann auf Deutsch. Mein vermeintlicher Kollege war längst selbst Teil dieser Geschichte geworden, jemand, der im Archiv die Manuskripte Husserls entziffert hatte, zu druckreifen Texten geformt, hauptverantwortlich oder mit anderen herausgegeben. Mein neuer Dutzfreund stand längst in meinem Bücherschrank und grüßte mich jetzt auch übers Telefon.

Wir saßen im Kreis. Ein Semester lang hatten wir über das Buch des Philosophen gesprochen, sein letztes. Nun war er da. Entspannt lehnte er in seinem Stuhl, kleiner als die meisten Studierenden, die in ihrer körperlichen Frische und offenkundigen Unsicherheit warteten, wer denn nun den Anfang machen würde, eine Frage zu stellen wagte. Die intime Runde erleichterte und erschwerte das Gespräch zugleich. Es sollte kein bühnenreifer Auftritt sein, bei dem der Gast souverän interviewt wird. Doch die Nähe der Person vermischte sich mit dem Abstand, den sein Buch geschaffen, vergrößert oder vermindert hatte, nach dem jeweiligen Eindruck seiner Leserinnen und Leser hier; junge Künstlerinnen und Künstler, die seit Herbstbeginn am

Freitagmorgen die Woche mit der Lektüre dieses Buches ausklingen ließen, rückblickend, erwartungsvoll, auf sich selbst zurückgeworfen. Ein Student hatte stets seinen Tee aufgesetzt, so kunstvoll wie er es im Atelier tat, und wie es später Teil seiner szenischen Improvisationen werden sollte. Wie alle anderen blickte er gespannt in die Runde und sagte kein Wort. Ich würde wohl das Eis brechen müssen, auch wenn es in der entspannten Haltung des alten Mannes längst geschmolzen war und sein Lächeln verriet, wie sehr er es genoss, noch einmal in kleiner Zahl über sein Buch sprechen zu können, ein Buch, das überhaupt nur ein aufmerksames Publikum kennt, Kollegen, philosophisch Interessierte, Studierende wie an diesem Tag, wer sonst hätte es nicht weggelegt. Dabei war die Lektüre nicht nur aufgrund der Gedankengänge oder der Schreibweise den meisten in meiner Gruppe schwergefallen; auch die Welt der Kunst, um die es ging, hatte sich längst gewandelt. 1927 war unser Gast geboren worden, am Heiligmorgen, in Berlin. Ein inzwischen Achtzigjähriger, der über die Kunst im Allgemeinen zu denken versucht hatte, weit über die Entwicklungen der letzten fünfzig Jahre hinaus, so dass ihre Eigenheiten kaum noch erwähnt wurden, die ganze popkulturelle *Lebenswelt* meiner Studierenden. Nicht nur jetzt, im Gespräch, musste ich das Eis brechen, zumindest auf ihrer Seite – schon von den ersten Seiten unserer Lektüre an. Der Philosoph aber kam von weit her. Und der Augenblick war ihm zu kostbar, um ihn mit Eitelkeiten zu vertun. Er war schon lange emeritiert, aus dem Tagesgeschäft allen akademischen Betriebs, und hatte ebenso Zeit für sein Denken und Schreiben wie gleichermaßen weniger Kontakt. In den flämischen Medien tauchte er ab und an auf, in Deutschland schien er selbst bei Fachkollegen nahezu vergessen – *wie, er ist noch aktiv, ich habe zuletzt in den siebziger Jahren von ihm gelesen*. Wie das öffentliche Interesse sich wendet, es einen trifft, auf dem eigenen Weg, und wieder verlässt; auch das hatte der Philosoph hinter sich. Und so lauschte er meiner kurzen Einleitung, bevor er selbst die Studierenden mit einer Frage überraschte.

»Was denkt Ihr, müssen wir wissen?«

Die Anspannung in den Gesichtern wich dem Nachdenken, nicht angeschaut werden wollen, Verblüfftsein, Stirnrunzeln – was hätten wir wissen müssen, in jenem Dezember 2009? Die Frage war so allgemein gestellt, dass der Zeitpunkt wohl kaum von Belang war (*belangrijk*, wie es auf Niederländisch heißt). Was sollte man überhaupt wissen? Und ging es denn um ein Wissen, wenn die Philosophie schon mit der Infragestellung jeglicher Kenntnis ansetzte, wenn Philosophen meinten, die Orientierung beginne damit, sich nicht auszukennen, die Fliege im Glas zu beobachten, wie sie wohl den Ausweg findet (oder nicht), man selbst allegorisch in eine Höhle versetzt wurde, aus der man zum Quell allen Lichts aufsteigen müsse, den Bedingungen unseres und allen Daseins? Der Philosoph schaute amüsiert, freundlich, abwartend in die Runde. Er selbst hatte seine Antwort bereits gegeben, auf den ersten Seiten des Buches, das wir alle in Händen hielten – ein jedes Exemplar mit anderen Anmerkungen, Notizen, Unterstreichungen und Zeichnungen versehen (Portraits aus der Gruppe, dem Blick aus dem Fenster?). Seine Frage war aber nicht rhetorisch gestellt, als wolle er uns nur prüfen, ob wir sein Buch denn auch gründlich gelesen hätten. Sie war ehrlich gemeint, das verriet seine Geduld, auf unsere Antwort zu warten. In den Gesichtern zeichnete sich das Denken ab, und wenn es nur die Suche danach war, zu denken auf dass man dachte, was immer sich damit zeigte, auftat, und war es die eigene Leere, Unbeholfenheit. Im Hintergrund hörte man die Arbeiten im Atelier, Glas wurde geblasen, Skulpturen aus Ton geformt. Wir waren in einer Werkstatt, im offenen Zwischengeschoss, dem Mezzanin, wie man die Plattform aus Beton liebevoll nannte, als böte sie Aussicht auf eine italienische Piazza. Sie bot zumindest Ausblick auf Kunst im Entstehen, halbfertige Entwürfe und Modelle, Regale voller Materialien und Instrumente, Staub und Belag wie er von jahrelangem, alltäglichem Gebrauch zeugte. Unten schien man sich nicht für unsere Diskussion zu interessieren, die Produktion ging weiter, Gebranntes musste abkühlen, Gestaltetes trocknen, das Wissen war dort sehr konkret und jedes Müssen davon bestimmt. Wie oft hatte sich der Glasbläser bei den Studierenden beschwert, er brauche genaue Zeichnungen, wenn er ihre Vorhaben umsetzen solle! Experimente mochten bei glücklichen Zufällen enden, sie allein dem Zufall zu überlassen, dafür war der Aufwand zu teuer, die Stoffe, Zutaten, die Zeit, die man anderen stahl, wenn man sich nicht an den vereinbarten Plan für alle hielt. Die Kunst entstand hier mit dem Handwerk, in all seiner gedanklichen Durchdringung, Befreiung, es blieb stets ein Arbeiten damit, ein Abarbeiten daran. Ich kannte die Leiterin des Ateliers gut, und wir durften hier zu Gast sein. Ich wollte es dem alten Herrn nicht zumuten, über steile Treppen bis unters Dach steigen zu müssen, wo unser Seminarraum lag, einen Fahrstuhl gab es in dem Trakt des alten, verwinkelten Gebäudes nicht, die letzte Treppe war noch aus Holz, der Duft gestauter, warmer Luft drang einem mit jedem Schritt unters Dach entgegen, *erst einmal lüften,* so lief ich zu den schrägen Dachluken und öffnete sie mit einem Holzstab. Für unser Leseseminar war der Raum ein verstaubtes Paradies gewesen. Man konnte alle Tische und Stühle frei bewegen, einen Kreis bilden, schien abgeschieden von der Welt, keinerlei Geräusche hörte man, die Welt der Ateliers lag weit entfernt, zwei Treppenhäuser weit, hierhin verirrte sich niemand, der nicht genau wusste, wann und warum er in Raum 22 sein musste. Das Müssen schien immer konkret zu sein, das Wissen zugleich auch praktisch.

»Müssen wir müssen?«, wagte sich eine Studentin aufs Eis – so leicht bricht es nicht.

»Das liegt wohl kaum in unserer Hand.« Es war nicht nur die Lebenswelt, die sie beide trennte, es war vielmehr die Lebenserfahrung. Und so sehr die Phänomenologen auch von Erfahrung und Lebenswelt sprachen, die Frage der Lebenserfahrung war mir in ihren Schriften nicht begegnet. Wie aus den Nachwirkungen, Ablagerungen, Schatten und Spuren der Jahre und Jahrzehnte sich ein Leben verdichtet, auf die schwindende Kraft im Alter, mit ihr das noch Mögliche, Wesentliche in den Blick zu nehmen –. Die Studentin sprühte vor Leben und Spekulation, sie sah eine Zukunft als Künstlerin vor sich, brannte darauf sich zu beweisen, und dieser Elan hatte so manchen Freitagmorgen andere mitgerissen, die Diskussion angefacht. Der Philosoph wollte einer Diskussion nicht ausweichen, aber er suchte eher das Gespräch, nicht nur den Austausch von Argumenten, sondern auch von Erfahrungen. Die meisten der Studierenden waren so voller Leben, jedoch ihrer eigenen, bewusst vorangestellten; es kam ihnen kaum der Gedanke, wie sehr sie bereits von anderen durchdrungen waren, und wie es sich immer offener zeigen würde, im Miteinander, über die Jahre. Ich musste an ein Gespräch mit unserem Direktor denken, der mir einmal begeistert von der Lesung eines deutschen Schriftstellers in Brüssel erzählt hatte. Ich kannte den Schriftsteller, von seinen ersten öffentlichen Auftritten im Rheinland, die ich damals so schlecht fand, dass ich kein Buch mehr von ihm lesen mochte. Der Direktor sah mich nur gnädig an und meinte: »Die Arroganz der Jugend hat auch etwas Schönes.«

»Als Künstler suche ich nicht nach Wissen«, setzte ein Student an. Hörte er denn nicht den Lärm aus der Werkstatt, dem Atelier, von den Handgriffen, Schneidegeräten, das Klopfen und Hämmern? Er studierte nicht Bildhauerei, Keramik, Glaskunst, in seinem Atelier war es oft still, zeichneten die Studierenden Bilder und Bildergeschichten, überwand man die Schwerkraft, indem der Blick ins Papier tauchte und Gestalten im Zeichnen und Malen entstehen ließ. Bedeutungen *entstehen zu lassen* ist grundanders als sie wissbegierig zu suchen, auszustellen, zu besprechen. Gleich zu Beginn seines Buchs hatte der Philosoph sich von Immanuel Kant abgewendet; die Studierenden dagegen sahen ihn durch eine romantische Brille, verklärte Ästhetik. Sie würden nie auf die Art wissen wollen, wie der Philosoph danach gesucht, verlangt hatte, sich selbst und anderen gegenüber. Ihre Bilder, Darstellungen, Arbeiten schufen Räume, damit im Leben zu stehen. Das Wissen schien für sie immer Mittel zum Zweck. Und so tat sich ein eigenartiges Missverständnis auf: Auch dem Philosophen war das Wissen als Selbstzweck ein Gräuel. Nur sprachen die Studierenden und er aus ganz unterschiedlichen Beweggründen. Ihnen wäre es nie in den Sinn gekommen, das Wissen anders zu denken als vor allem naturwissenschaftlich verbrieft, empirisch geprüft, mathematisch bewiesen. Alle anderen Formen von ›Wissen‹ schienen nur schwache Abwandlungen davon zu sein, von ›Erfahrungswissen‹ gar nicht zu reden. Deshalb hatten sie doch die Kunst gewählt, um frei und intuitiv ihre Talente und Phantasie ausleben zu können. Es schienen Klischees und zu grobe Vereinfachungen, die Vereinseitigungen in der Gesellschaft hatten jedoch zu genau solchen geführt, der Nachdruck auf die Wirtschaft, das immer nur Machbare, nie zu Träumende, nie Auszubrechende. Wie sollten sie es besser wissen, und warum auch? So viele Fachleute hatten das Besserwissen in den Medien übernommen, in Regierungen selbst, die weltweite Finanzkrise zu bewältigen.

Auf seine Frage mit nur einem Satz zu antworten schien banal und traf zugleich den Punkt – wie zerbrechlich das Leben ist, nicht nur das eigene, vielmehr seine Welt im Ganzen. So zumindest hatte er es selbst in der Einleitung zu seinem Buch geschrieben, etwas ausführlicher zwar, doch sinngemäß *in zwei Worten.* Die Welt des Lebens ist beschränkt, eine Ausnahme im All, und auf der Erde noch bedroht, durch den Menschen wie durch die Unwirtlichkeit der Natur. Hier setzte seine Kunsttheorie ein, nicht als Ästhetik, den Blick auf den Einzelnen und seiner Erhebung als Blickfang aller weiteren Betrachtung; es war diese Zerbrechlichkeit des Subjekts, die zum Handeln zwang, zur *Umbildung* der Natur, wie er es nannte, und zur *Einbildung* einer lebensfreundlichen Welt, einer *Lebenswelt.* Das Handeln und Tun waren hier nicht getrennt, als wäre nicht auch das *Bilden* ein stets mit anderen geteiltes Unternehmen. Seine Kunsttheorie steckte voller Begriffe, die meinen Studierenden kaum mehr über die Lippen kamen – von *Schönheit* war da die Rede, vom *Handwerk,* ganz zu schweigen von der Vorliebe des Philosophen für Lehnworte aus dem Griechischen, das er wie das Lateinische, Französische, Niederländische, Englische flüssig beherrschte, anklingen ließ. *Poietik* stand auf dem Umschlag geschrieben, manche hatten ihr Exemplar des Buches in Händen. Mich beschäftigte vor allem seine Vorliebe für das Wort *umbilden.* Umbilden schien eine Umkehr bereit zu halten, die der Bildung auf ihrem stetigen Voranschreiten fremd war. Das Umbilden in seinem Sinn war jedoch eher ein *Verwandeln, Verdrängen* oder *Verbergen.* Man konnte die Natur handwerklich *verwandeln,* wie er schrieb, und ich dachte daran, wie ich ihn unbedingt fragen wollte, ob er eine besondere Liebe zum Handwerk habe, denn nicht nur beschrieb er das Verwandeln in Anlehnung an die Natur selbst, den Wandel der Jahre und Zeiten, evolutionär wie historisch, er wählte auch als Wort dafür einen Begriff, der an die Verwandlungen seit Ovids *Metamorphosen* denken ließ, denn gegen Ende seines Buches verweist er wiederum auf ein Gemälde, Pieter Bruegel dem Älteren zugeschrieben – *Der Sturz des Ikarus* (ein Bild nach den *Metamorphosen* des Ovid) –, in dem ein Bauer groß und voran gezeigt den Acker pflügt, in bedachtsam geschwungenen Linien, sie verwandelnd, formend, gestaltend. Das Handeln mit der Natur verkehrt sich zudem in eines gegen sie, im *Verdrängen* ihrer wuchernden Welt, in Abgrenzung, Unterbindung *sich bildender,* organischer Verläufe, im Errichten widerständiger Schutzbauten – Architektur (wie die hell schimmernde Stadt im Hintergrund des Gemäldes). Manchen Kollegen in der Hochschule für Architektur war dieser Gedanke peinlich bewusst, und es gab nicht wenige Ateliers, in denen die Nachhaltigkeit des Bauens untersucht wurde, von der Planung bis zur Wiederverwertung sämtlicher verwendeter Materialien. Es blieb dabei, noch gehörte die Baukunst zu den größten Umweltverschmutzern weltweit. Zerbrechlich wie der Mensch war, brauchte er eine Behausung (oder rechtfertigten sich die *Behauser,* die Sesshaften, hier nur selbst, über den Schatten der Vorgeschichte und Traditionen der Nomaden hinweg?), und zerbrechlich war die Natur, auf weiteste Fernen allein im All, Element unter Elementen, im Dunstkreis dünner Luftschichten, der Atmosphäre, im Abstand zur Sonne sich erholend, austreibend, verdorrend. Der Philosoph sprach nicht gern von *Systemen,* ihm waren Begründungszusammenhänge lieber, wie man sie inwendig aus Beziehungen, Verbindungen schließen konnte, ohne dabei aufs Große und Ganze zu gehen – sei es das Versprechen auf die Einsicht in *ursprüngliche Ursachen* (die *Metaphysik*), Gottes Wirken und Walten (die *Theologie*) oder gar die *Systemtheorie,* nach Bielefelder Art.

Die *Einbildung* einer Lebenswelt – sie war tatsächlich eine; dank der Umbildung der Natur, in ihr sesshaft geworden zu sein, überleben und leben zu können, Kultur ausgebildet zu haben, *sich bilden* zu können mit der Einbildungskraft, die dem Menschen gegeben ist und nur begrenzt in seiner Hand liegt, Kraft der Entwicklung von Evolution und Geschichte.

Schon länger schien eine Studentin mit ihrer Frage gewartet zu haben, schaute sie unruhig in die Runde, suchte den passenden Moment, als wolle sie den Gesprächsfaden kreuzen, mit einem Stich ins Gewebe.

»Warum glauben Sie, abstrakte Kunst sei Dekoration?«

Der Philosoph hielt kurz inne und schaute sie freundlich an. Dann erzählte er von den Kunstwerken in seinem Haus, zumeist Gemälde. Er liebte die Malerei wie die Musik und Literatur. Film, Photographie, die Medien der Moderne und Digitalität schienen ihn kaum zu beschäftigen. Die Studierenden hatten anderes in seinem Buch gefunden, als was sie im Alltag suchten. Ein Student sprach von der unglaublichen Dichte der Sätze, Überlegungen, die Klarheit dabei. Ob ihn die Gedankengänge überzeugten, ließ er offen. Darum ging es ihm nicht. Er las in dem Buch wie in einer Kugel, die man dreht und wendet, in deren Spiegelungen man sich und die Welt um einen erkundet, ein abstrahlender Globus, der sein Geheimnis nicht preisgibt.

»Viele meiner Gemälde zuhause sind abstrakt. Sie zeigen nichts als sich selbst. Und sie verbergen, was immer hinter ihnen liegen mag – die Tapete, die Wand, die Straße draußen, Natur. Wie Dekoration. Bilder zeigen etwas. Dekorationen verbergen, auf schönste Weise! Durch Farbe, Form, befreit von jedem Inhalt. Sie bewegen sich auf dem schmalen Grad zwischen bloß dekorativer Übermalung sonst schmutziger Stellen und Form- und Farbspielen, die unsere Einbildung anregen, kurz gesagt: zwischen Kitsch und Kunst, zwischen Dekorationen die zu etwas dienen und solchen, die nur sich selbst genügen. Ich zähle sie deshalb zu den Künsten der Umbildung von Natur.«

Für einen Augenblick war sie sprachlos, auch wenn sie die Antwort nach unseren Diskussionen bereits hätte vorhersehen können. Aber sie hatte es wohl von ihm selbst hören wollen, dem alten Mann, leicht in den Stuhl gesunken, ein lebendiges Fossil vergangener Zeiten oder jemand, der ganz anders und viel weiter sah? Ihn kümmerte nicht, wie Kunsthistoriker abstrakte Kunst darstellten, welche Manifeste und Zeugnisse die Künstler und Künstlerinnen selbst vorgebracht hatten. Er folgte seinen Gedanken. Und er hatte anderes vor Augen. Nicht die Geschichte der Kunst oder die Selbstzuschreibungen ihrer Hauptfiguren – die Zerbrechlichkeit von Natur und Mensch. Wie gehen wir mit der Natur um? Wir beackern sie, verdrängen sie und verbergen noch die Spuren davon, im schönen Schein. Handwerk, Baukunst und Dekoration bildeten *um*, und alle ihre Mittel und Geräte dazu stellten nichts anderes dar als sich selbst. *Ein Pflug ist ein Pflug ist ein Pflug*. Abstrakte Kunstfertigkeit, wenn man so will, nützlich. Abstrakte *Kunst* unterschied sich nur darin, vom Nutzen befreit zu sein, den Künsten der Einbildung verwandt. Die ganze Schwierigkeit bestand darin, ob man selbst seinen Gedanken folgen wollte; und er musste diese Schwierigkeit selbst in den Gesichtern der jungen Künstlerinnen und Künstler gesehen haben. Entschied sich denn wirklich der Blick auf bestimmte, *abstrakte* Bilder zwischen zwei Seiten, *verbergen* und *zeigen*? Während Kunstkritiker die Abstraktion einst als die reinste Beschränkung auf eigene Mittel der Malerei gefeiert hatten, galt sie dem Philosophen als nur eine Seite der Medaille bildender Kunst, vom Nutzen der Dekoration zwar befreit, doch ohne die Kraft des für ihn immer figürlichen Zeigens.

»Wie denkt Ihr denn selbst über das Verhältnis von Verbergen und Zeigen?«

»Bei Ausstellungen ist es immer die Frage, was aus dem Atelier sollte man zeigen, was besser nicht.«

»Aber heißt Nicht-zeigen denn schon Verbergen?«

»Wer seine Scham nicht zeigen will und doch errötet, kann sie nicht verbergen.«

»Ich denke, das Verbergen macht anderes vergessen, indem es einen auf sich selbst zurückführt. Es weist nicht über sich hinaus. Und das will, wie alles, gestaltet sein. Ich sehe zwar die Tapete in meinem Haus, aber ihre dekorative Gestaltung macht sie als Bedeckung der Wand vergessen. Wenn ich will, kann ich mich daran erinnern. Im Alltag aber reicht die Form, um nicht daran zu denken. Abstrakte Kunst ist keine Tapete. Doch sie bewirkt das Vergessen alles anderen, ohne auf anderes zu verweisen. Es sei denn, eine Form verweist deutlich auf eine andere, wie ein Zitat. Fällt Ihnen dazu vielleicht ein Beispiel ein?«

»Nur innerhalb eines Stils. Bei Mondriaan etwa.«

»Das Kreuz, bei Malewitsch.«

»Das Kreuz?«

Ich musste selbst kurz überlegen, worauf der Student im Werk des russischen Malers hinwies. Ein Kreuz? Er meinte doch nicht das *Schwarze Quadrat* oder Bilder von anderen Avantgardisten, El Lissitzky, Moholy-Nagy? Wir ließen es dabei. Der Philosoph nahm einen Schluck Wasser und wandte sich an seine Frau. Es hatte geschneit, die Straße war vereist, sie waren gemeinsam mit dem Taxi gekommen. Sie sagte kein Wort, schaute wohlwollend in die Runde, unscheinbar fast, wäre sie nicht größer gewesen als ihr Mann, der in den Stuhl gesunken umso kleiner wirkte, aber mit durchdringender Stimme, klarem Ton sprach, den Raum sogleich füllte, den Halbraum hier oben auf der Empore des Ateliers. Der Philosoph hörte genau zu, schien die Fragen und Bemerkungen bedachtsam abzuwägen, bevor er so deutlich wie möglich antwortete; es war ihm anzusehen, wie er jedes spontane Drauflosreden vermied, jede Impulsivität, nie überrascht schien, auch wenn er es im Inneren vielleicht war. Ein sehr bestimmtes Auftreten, in aller Bescheidenheit, Blitzgescheitheit, nach Erfahrungen auch von Blitzgescheitertheit, in der Jugend vielleicht, im jungen Erwachsensein, wer weiß. Ein auch altbekannt männliches Auftreten. Wie mochten die Studierenden ihn und seine Frau erfahren haben? Werden die Studentinnen sie mehr im Blick gehabt haben als die Studenten? Sich gefragt haben, wie man einen Philosophen nur lieben kann (geschweige denn die Philosophie oder gar Weisheit), ob sie selbst einmal so ruhig an der Seite eines alten Mannes sitzen wollen würden, ihn begleiten, seine Hilfe zu sein? Und käme es umgekehrt den Studenten in den Sinn? Der arme Karl August Varnhagen wird bis heute als untalentierter Steigbügelhalter seiner Frau Rahel dargestellt, nur weil es offenbar als unmännlich gilt, die Rollen zwischen Vorder- und Hintergrund derart zu vertauschen (unmenschlich dagegen durfte die Männlichkeit durchaus sein, aber das ist eine andere Seite der Geschichte). Der strenge, konzentrierte Stil des Philosophen, er setzte sich bis in sein Reden und Antworten fort; doch nicht in seiner Gestalt. Die kannte eine nonchalante Sympathie, für die anderen, ihre Umgebung, sich selbst. Sie war der Körper seiner Freiheit, die Seele seiner Freude am Denken, am Spiel mit den Möglichkeiten, das Offene zu durchwandern, Wege einzuschätzen, wohin einen dieser Abzweig wohl führen wird, dieser, oder dieser? Die Zerbrechlichkeit jeden schmalen Pfads verlangte eine Umsicht, die dazu zwang, den Weg zu überprüfen, umzuschauen, worauf man sich verlassen kann, eine Einstellung, Position zu finden, um Abstände überhaupt einschätzen zu können, sich neu zu orientieren, vergewissern. Der Körper einer Freiheit, die geistige Verlässlichkeit – ein Wechselspiel auch der Anziehungskraft …

Im Atelier war es still geworden. Vielleicht hatten manche Studierende Unterricht, vielleicht legten sie auch nur eine Pause ein. Wir mussten weniger angestrengt sprechen, zuhören, einem Studenten fiel jetzt erst das leise Quietschen seines Stuhls auf, wie angewurzelt versuchte er plötzlich zu sitzen und lächelte verlegen. Der Philosoph saß mit dem Rücken zum Geländer des Mezzanin, ich hatte das Treiben unten mit im Blick. In den Werkstätten der Schönheit war von ihr selbst wenig zu sehen. Ging es denn überhaupt um sie? Wie konnte sie dem Philosophen so wichtig sein? Die Generation der Dadaisten, die jedes Sinnversprechen im Ersten Weltkrieg vernichtet sahen, hatten die Schönheit längst verabschiedet, die Schönheit idealistischer Philosophen genauso wie die Schönheit geschwungener Linien, floraler Motive, jugendstillhaltender Dekoration für die geldadeligen Ingenieure militaristischer Imperialisten. ›Um einen Feuerball rast eine Kotkugel, auf der Damenseidenstrümpfe verkauft und Gauguins besprochen werden.‹ So sah es aus. ›Man muß weder Kant gelesen haben noch Nietzsche: es genügt, sich an einem Satz das Kotzen geholt zu haben …‹ Sprach der einzige Dadaist, den alle respektvoll den ›Doktor‹ nannten: Herr Dr. Serner, *auch wenn Sie Jurist sind, verschreiben Sie uns die Welt in den kleinen Dosierungen ihrer Sätze, Anweisungen, lockern Sie den Verstand, auf dass ihm der Sinn vor die Füße fällt, die Welt steht Kopf, drehen Sie uns den Spieß um, den Vorgesetzten, lassen wir uns alle auf der Anklagebank nieder und picknicken wir bis der Abend glüht, auf den Feldern von Verdun, haben Sie uns im Wahnsinn gesehen, im Albtraum daran gedacht?* Die Schönheit der blauen Blume, die dem Schuldigen nur dazu dient, sich ein Trugbild der Unschuld zu bewahren, der Schuld dazu dient, mit sich nicht allein zu sein. Doch sie blieb allein. Und wie haben Künstler darum gekämpft, diesen Zwiespalt mit ins Bewusstsein der Kunst zu nehmen, kritisch zu werden, modern. Der Augenschein trügt. Vorbei die Ästhetik der Salons, der feinen Gesellschaft. Vorbei die Moral der angesehenen Leute. Die Halbwelt hielt der Welt den Spiegel vor. Wenn schon ein Trugbild, dann dieses.

Kritisch blieb die Kunst, und wurde Kapital. Die Schönheit aber kehrte nicht wieder, nicht als vorrangige Frage. Schien es deshalb an der Zeit, sie zu stellen? Oder blieb der Philosoph in Idealen seines Fachs befangen? Welche Bedeutung sollten sie haben, wenn die Künstler selbst ganz andere Wege gingen, die Historiker sie begleiteten, der Markt die Entwicklung trug, Soziologen sie bekräftigten? Das scherte den Philosophen wenig. Warum auch? Ihn kümmerte das Begründen von Kunst, sie als solche erkennbar werden zu lassen. Er arbeitete daran, sie zu denken. Und dieses Denken folgte nicht den Beispielen der Werke allein, es ging auch diesen Beispielen voran, im Denkbaren. Das Denken war nicht nur ein Beschreiben, es war auch kein Vorschreiben, es war vielmehr ein *Herstellen* sinnvoller Zusammenhänge, und im Fall der Schönheit schienen sie dem Philosophen keineswegs abgebrochen. Er idealisierte sie auch nicht, ihm schwebte nur etwas anderes vor. Welchen Schaden sollte die Kunst nehmen, wenn sie nützlich sei – und liegt im Brauchbaren nicht ebenso Schönes? Er wehrte sich gegen die ästhetische Trennung von Kunst und Handwerk, von Schönheit und Nutzen. Und die Dadaisten mochten dagegen revoltiert haben, bewiesen nicht aber Börsenmakler wie Kommunisten in der Zeit zwischen den Weltkriegen gleichermaßen, dass dieser Gegensatz selbst sinnlos ist, wenn man in der belgischen Hauptstadt etwa die wunderbare Villa Van Buuren besucht, ein Gesamtkunstwerk von Kunst, Gestaltung, Architektur und Handwerk, genauso wie wenn man Arbeiten der russischen Avantgardisten sieht, die in den ersten Jahren nach der Oktoberrevolution noch möglich waren, visionäre Verschmelzungen und Durchkreuzungen von allem, womit sich kreieren lässt, ob es sich dabei um Gemälde oder Produktentwürfe handelt, ganz gleich. Und so kam er auch wieder auf sein Verständnis von Abstraktion und Gestaltung zu sprechen. Dass alles, was nur sich selbst und nichts anderes darstelle, abstrakt sei – eine Türklinke genauso wie eine Melodie. Dass es deshalb aber nicht im Widerspruch stünde zur Schönheit. Und dass Nutzen und Sinn dabei Hand in Hand gingen.

»Ist dann ihre Vorstellung von Abstraktion nicht gleichbedeutend mit Form? Wenn Sie jedoch meinen, abstrakte Gegenstände verweisen auf nichts als sich selbst und verbergen dadurch anderes – lässt sich dieser Gedanke auf den der Form übertragen? Denn im ersten Fall ordnen Sie die Abstraktion einer Umbildung der Natur zu, abseits aller Künste der Einbildung. Form ist allerdings ein Grundbegriff der Einbildung selbst. Im zweiten Fall, etwa beim Beispiel der Melodie, wäre das Abstrakte somit Teil der Künste der Einbildung. Oder nicht?«

Meine Frage hatte die Studierenden verwirrt, ihn nicht. Dabei war es der Gruppe wie mir so im Laufe der Lektüre gegangen, dass wir uns immer wieder an Stellen seiner Darstellung schwertaten, die Folgerichtigkeit seiner Schritte Nebenwirkungen kannte, Ein- und Ausschlüsse, die sorgfältig überdacht werden mussten. Wie viele seiner Generation teilte er grundlegende Ansichten Martin Heideggers – so wenig er etwa die Schriften Hannah Arendts schätzte, so vergleichbar ging er allerdings von Heideggers Aufriss der Welt aus, dass sie gebildet werden müsse, dass der zerbrechliche Mensch eines Schutzraums bedarf. Seine Wortwahl der ›Umbildung‹, ›Aus- und Einbildung‹ knüpfte hier an. Zugleich widersprach er Heidegger in dessen Suche nach einer gemeinsamen Wurzel für die Bildung einer Welt, ob diese nun in der Zeit liege, in der Materie oder sonstwo. Nein, das habe Aristoteles schon treffend deutlich gemacht, dass nur in der Konstellation von Stofflichkeit, ihrer erscheinenden Gestalt und dem sie Verbindenden eine Lösung gesucht werden müsste, die bis heute niemand gefunden hat. Der ontologische Knoten bleibt unerkannt, er vollzieht sich in allem, was wir werden und sind, die Annahme ist nicht unsinnig, nur jedem Zugriff entzogen. *Dass* dieser Knoten besteht, wirkt sich offenkundig aus. Worin er besteht, lässt sich nicht hervorkehren. So wirkt er im Rücken jeder Gewahrwerdung …

Anders als Heidegger beschrieb der Philosoph das Bilden nicht derart als Teil des Seins. Es würde immer unerkannt bleiben; es ging vielmehr darum, sich mit dem, was im Rücken ist, *einander zuzuwenden*, einzurichten, in einer gemeinsamen Welt, nach einem Wort von Heideggers Lehrer, Edmund Husserl: *Lebenswelt*. Husserl hatte sich noch die Erkenntnis dieser zugewandten Welt versprochen, der Philosoph selbst kehrte sich auch davon ab. Nicht, *was kann ich wissen?*, wie es seit Kant für die Erkenntnisphilosophie heißt, wäre der erste Grundsatz des eigenen Denkens. Stattdessen sollte es lauten: *Was müssen wir wissen?* Das Wissen wurde eingeschränkt auf ein bestimmtes Interesse – zu leben, in einer Welt (im Dezember 2009). Was galt es dafür zu tun, war sein zweiter Grundsatz. Einsicht war mehr gefragt als bloße Erkenntnis. Und was mit dieser Einsicht bewerkstelligt werden könnte, darauf richtete sich sein dritter Grundsatz. Das Hoffen überließ er lieber anderen (den Autor von *Das Prinzip Hoffnung* hatte er als junger Mann in Leipzig erlebt – ein ›komischer Kauz‹, wie er sagte). Mit Kant und Husserl und Heidegger dachte er über sie hinaus, über die Ästhetik, Erkenntnisphilosophie und Ontologie, zugunsten einer praktischen Wendung ihrer Annahmen, in Anlehnung an künstlerische Traditionen, die Rückbezüge produktiv machten, statt sie in Gegensätzen zu blockieren. Es war ein Zusammenhang, den er aufzuzeigen versuchte, ein Zusammenhang der tätigen *Weltgewinnung*, ganz wie man Land gewinnt. Und so spann sich ein Faden vom rhythmischen Pulsieren zur Einbildung musikalischer Formen, zum Tanzen des Körpers, dem Bildlichen im Gedicht, das gleichfalls einer Zuspitzung gleicht, aus dem Geschehen, dramatisiert, verkürzt, wie es Erzählformen anbahnen, weiterführen, und sich mit der körperlichen Bewegung im Theater zeigen, dramaturgisch erweitert, eine Aufführung gestaltet wird, eine Geschichte dargeboten. Wie immer man über diese Verweise dachte, die Notwendigkeit oder Zufälligkeit ihrer Verknüpfung, sie dienten dem Philosophen als Begründung ihrer Rückbezogenheit, ob als Kontrast, Entgegnung, Verbindung. Die lebendige Einbildung ermöglichte im Umkehrschluss auch die tatsächliche Veränderung der Natur, der Widerständigkeit um einen, der Elemente, dank derer man lebte und Teil ihrer war, in einer fortwährenden Durchdringung mit und Abgrenzung von ihr.

Die Umbildung entsprang der Einbildung, der Einbildung des selbst nie Wahrgenommenen, dass es vielleicht auch ganz anders gehen müsse als man es je gekannt hatte. Waren Menschen so einmal auf die Idee gekommen, ein Bett zu bauen? Statt weiter auf dem Boden zu schlafen, wie bequem hergerichtet auch immer? Hatten sich Nester als Modelle nie angeboten, sich nicht als praktisch erwiesen, fremd der Höhlen und Schlupfwinkel, in denen Menschen einst Schutz suchten? Wie wirkte das Bett sich auf das Träumen aus? Bot es einen Anlass liegen zu bleiben, dem im Schlaf Geträumten nachzuhängen, das Bett selbst als Hort der Träume zu begreifen, in ihm auch wach am

Tag zu träumen, still vor sich hin? Wie sollte man hier das Nützliche von dem Schönen trennen, das Handwerkliche von dem Künstlerischen, das Wahrgenommene von dem Vorgestellten? Im Bett gemütlich eine ebenso literarisch bezaubernde wie gedanklich anregende Geschichte zu lesen – beinhaltete dieses Motiv nicht beispielhaft sämtliche Aspekte einer lebenswerten Lebenswelt?

Verblieb eine solche Vorstellung aber nicht zu sehr darin, auch vom Einzelnen geschaffen werden zu können, für sich allein? Wie verhielt sie sich zu *Walden* von Henry David Thoreau, dass jemand allein als Handwerker, Künstler, Jäger und Dichter sich eine Welt schafft, inmitten der Natur? Der Philosoph selbst sprach nie vom Einzelnen, in seinen Grundsätzen waren immer *wir* gemeint, redete er ausdrücklich die Leserinnen und Leser in all ihrer Verschiedenheit an. Eine Studentin hatte eine weitere Frage, und ich wollte den Gesprächsfluss nicht unterbrechen, auch wenn wir von meiner Zwischenfrage längst abgekommen waren.

»Sie schreiben von der Schönheit mancher Sinnlosigkeit. Gibt es sie nur in der Kunst oder auch in der Philosophie?«

»Im Leben, würde ich sagen. Und damit auch in der Kunst, und auch in der Philosophie. In der Tragödie mag das Handeln eines Helden am entscheidenden Punkt sinnlos sein, weil er, was immer er tut, verlieren wird – seine Liebe, sein Leben, jeden Sinn. Was er jedoch tut, und wie er es macht, daran entscheidet sich, ob seiner letzten Tat eine Schönheit und Würde innewohnt oder nicht, ob er ungebrochen untergeht oder verzerrt im Wahn, ob er nur ein mitleiderregendes Bild abgibt oder ein Vorbild in der alles entscheidenden Stunde.«

Die Studierenden fragten nicht weiter. Ob er dabei an den Krieg gedacht hatte?

Wir bedankten uns herzlich bei dem Philosophen und seiner Frau, dass sie trotz Eis und Schnee gekommen waren. Einige räumten die Stühle weg, andere plauderten im Treppenhaus, während unten im Atelier der Betrieb weiter ging. Ich zeigte dem Philosophen das Formular für die Honorarabrechnung, doch er winkte nur ab. »Es war mir eine Ehre«, meinte er, sichtlich erfreut über den lebhaften Zuspruch, das Interesse an seinen Gedanken. Als wir vor die Tür kamen, hatten sich die Studierenden bereits zerstreut. Seine Frau entschuldigte sich, sie wollte kurz zur Toilette. Wir blieben allein in der Kälte stehen. »Wie in Berlin«, meinte er verschmitzt und drehte sich eine Zigarette. Fast einen Kopf kleiner stand er neben mir, die flache Schirmmütze auf, seine weißen Haare wellten sich im Nacken, an Schal und Jackenkragen. Er trug keinen Anzug, keinen langen Mantel, trat nicht auf wie ein konservativer Professor, er hätte so bei einer Demonstration gegen Kernkraft mitgehen können und ins Bild linken Engagements gepasst. Doch wie er die Zigarette rauchte und so neben mir stand, dachte er an Berlin, seine Kindheit vor dem Krieg, den Schnee dort, die Eiseskälte im Winter, wie sie hier in Belgien, nahe am Meer, am Atlantik, kaum einzog. Er rauchte sich in seine Kindheit zurück, rauchte in den Tag, diesen Augenblick, umwölkte den Schnee aus den Wolken, war ein glücklicher Mensch. So schien es. Vielleicht war ich nur froh, dass unser Gespräch gut verlaufen war, dass er sich als so umgänglich gezeigt hatte, die Gruppe endlich aufgeblüht war, nach den Wochen und Monaten unterm Dach. Befreit von alledem, bereichert, stand ich mit dem Autor unserer Lektüre nun im Innenhof der Akademie.

»Haben Sie lange in Berlin gelebt?«

»Nein, wir sind bald nach Leipzig, mein Vater bekam dort eine Stelle.«

»Und wo in Berlin sind Sie aufgewachsen?«

»Schöneberg.«

Seine Frau stellte sich wieder zu uns, sie hatte schon ein Taxi gerufen, gleich würde es am Haupteingang stehen. Wir verabschiedeten uns, er hakte sich bei ihr ein, und beide schlenderten gemächlich zur Straße.

III.

Unter dem Vordach des Krematoriums standen die Trauergäste mittlerweile dicht gedrängt, zumindest, wenn sie bei Bekannten und Freunden stehen wollten, die Abstände zwischen den Grüppchen und allein Stehenden verringerten sich zusehends, der anhaltende Regen trieb nun auch die letzten unter das Dach. Familienangehörige konnte ich nicht erkennen. Durch die Fenster und Glastür sah man im Eingangsbereich einige Angestellte des Krematoriums, die Frau des Philosophen, einen Freund, der im Haus geholfen hat. Enkel, Verwandte – eine Gruppe nicht akademisch formierter, individualisierter Männer mit ihren Frauen, Partnerinnen, Lebensabschnittsgefährdeten – keine Spur. Eine Generation noch fast ohne Kolleginnen, so schien es. Oder sie waren den Männerbünden weniger verbunden gewesen, auch weniger eingebunden. Vielleicht täuschte der Eindruck, schließlich kannte ich kaum jemanden. Selbstverständlich ging es still zu auf einer Beerdigung, doch wirklich vertraut begrüßten sich nur wenige. Jahre, Jahrzehnte hatte man wohl in den gleichen Sitzungen gesessen, Berufliches besprochen, das Büro nebeneinander geteilt, am Wochenende sich ab und an privat gesehen. Freundschaften waren entstanden, entschwunden, die Zeit, die man geteilt hatte, ihr schenkte man die Achtung, vor dem Verstorbenen, in der stillen Hoffnung vielleicht auch auf sich selbst. Ein Begräbnis ohne Kinder. Und ich konnte mir schon denken, dass im Gedenksaal nicht gesungen werden würde, nur den Reden gelauscht, der Musik. Gesetzter Abschied, gesetzten Alters. Seine Frau stand einsam hinter der Glastür.

IV.

Im Winter war der Philosoph unser Gast gewesen, und im Frühling bereits revanchierte er sich mit einer Einladung. Er leitete einen philosophischen Gesprächskreis in Gent, einmal im Monat käme man zusammen. Zum Herbst sollte eine neue Themenreihe beginnen, mit Vorträgen über die neuesten philosophischen Entwicklungen in Europa. Ob ich mir vorstellen könnte, den Vortrag zur Situation in Deutschland zu übernehmen. Selbstverständlich sagte ich zu. Ein halbes Jahr Zeit – das wäre sicher kein Problem. Bis mir deutlich wurde, auf was ich mich tatsächlich eingelassen hatte. Der Kreis bestand überwiegend aus Philosophieprofessoren in Gent und Antwerpen, umgeben von ihren womöglichen Nachfolgern. Kritik und Ehrgeiz – das roch nach Männerschweiß. Umgekehrt, was hatte ich schon zu verlieren. Ich vertraute auf die Umsicht meines Gastgebers und machte mich an die Arbeit. Welche Positionen deutscher Philosophie galt es zu besprechen? Worüber wurde diskutiert? Was schien es mir wert, ernsthaft vorgestellt zu werden? Eine Woche vor dem Treffen sollte ich mein Manuskript schicken, damit sich alle gut vorbereiten konnten. Sie schienen es *sehr* genau zu nehmen.

Ein Freund von mir arbeitete in der philosophischen Redaktion des Brockhaus Verlages in Leipzig. Im Studium war er mir immer wie die Verkörperung eines angehenden Philosophen erschienen, zurückhaltend, ruhig, im Gespräch leise und verschmitzt, mit schlichtem, bräunlichen Mantel, kleiner Brille, kurzen und doch verwuschelten Haaren. Er war einige Jahre älter und bereits im Hauptstudium, als wir uns kennenlernten. Bei welcher Gelegenheit, das weiß ich nicht mehr. Nur, dass uns derselbe Philosoph ansprach, wir vielleicht in dessen Vorlesung aufeinander aufmerksam geworden sind, uns in manchem so ähnlich, dass seine frühere Freundin bei unserer ersten Begegnung gleich meinte, wie sehr ich ihm ähneln würde. Ein Kompliment? Oder war ich dadurch als Nachahmer entlarvt? Ihr beobachtender Blick, ihre Bemerkung stellten sogleich eine Nähe her, die mir unheimlich war (so sehr war ich wohl in dem Klischee meiner selbst gefangen). Unser Philosoph hatte mich seit dem ersten Semester – nicht begeistert, doch für sich eingenommen, in seiner durchweg gefassten Art, seiner sich Gedanken machenden Art zu leben. Er kam zur Tür herein, und ohne Übergang oder Einleitung war er sofort beim Thema, *platonische Frühdialoge*. »Und, was machst Du gerade im Studium?«, fragte mich ein befreundeter Musiker damals, auf dem Nachhauseweg. Er glaubte, ich verheimliche nur eine Liebschaft (»Platonische Frühdialoge! – Schon klar.«). Stattdessen saßen wir auf den Holzsitzen im Auditorium und staunten über die Intensität, mit welcher der Philosoph manche Stellen zu ergründen verstand, und wie er andere Passagen hinwegfegen konnte – »das ist nicht so wichtig.« Wie kam er darauf? Für sich, und auch für uns? Warum meinte er, nicht einmal aufzeigen zu müssen, warum sie überflüssig schienen? Er war ein Philosoph, kein Pädagoge. Ein Lehrer nur darin, Beispiel zu sein. Die Sätze liefen uns nicht davon, wurden uns nicht vorenthalten, standen gedruckt in der Taschenbuchausgabe, die jede und jeder vor sich sah. *Lesen Sie doch selbst*, schien er anzudeuten. Selbst das nicht der Rede wert.

Er dachte. Und wollte denken. Darin war er uns ein Beispiel. Wie mein späterer Freund folgte ich der eigenen Vorlesungsreihe des Philosophen, wie konnte es fast anders sein, zur Frage des Todes. Waren wir hier in der Kirche der Philosophie? Der Kirche Entlaufene? Nicht wenige der Studenten waren einmal Messdiener gewesen. Die metaphysische Weltvorstellung war in sie *einverwandelt*, über Jahre der Rituale, Gebete, Gottesdienste. Sie wollten nicht wissen, glaubten nicht an ein Wissen allein. Sie verlangten nach einem Ersatz, der im Hier und Jetzt zu tragen vermochte, was sie in der Abkehr ihrer provinziellen Heimat nur scheinbar verlassen hatten. Kierkegaard, Nietzsche, Schestow, Heidegger – sie versprachen einen solchen Ersatz. Mit gesamtwerkfundierten Argumenten. Das Rheinland, der Katholizismus wirkten bis in diesen Vorlesungsraum hinein. Denn es war kein Saal, wo der Philosoph seine Überlegungen teilte, niemand in der Hochschulleitung ging wohl davon aus, dass er besonders viel Publikum fände. Eng gedrängt saßen wir in dem Raum, bis auf den letzten Platz am Boden. Stickig war es, selbst ob irgendwo ein Fenster war ist mir entgangen. Ich erinnere mich nur an den einen entscheidenden Augenblick, als der Philosoph nach drei, vier Wochen, in denen er auf überzeugendste Weise seine Gedankengänge mit uns geteilt hatte, die Sitzung damit eröffnete, dass er völlig neu ansetzen müsse, dass der Weg hierhin uns nur in die Irre geführt habe, was er nicht weniger überzeugend darzulegen wusste. Seine Überzeugungskraft machte mich nicht stutzig damals – dass sich in ihr vielleicht doch ein Zuwenig des Zweifelns erkennen lassen mochte –, nur dass er vor uns sich selbst einer radikalen Revision unterwarf, beeindruckte mich. Dass er kein ausgefeiltes Programm servierte, von dem er sich zur Not professionell abzuwenden gewusst hätte, vielmehr unabdingbar mit dem verbunden schien, was er uns sagte und wirklich auch tat. Der Messdiener mag hier seinen Priesterphilosophen gefunden haben, wie manche andere auch. Dennoch ging alles mit argumentativen Dingen zu, handelte es sich um Philosophie als solche.

Mein Freund empfahl mir für den Gastvortrag ein neueres Buch von Ernst Tugendhat, das ihn in letzter Zeit sehr beschäftigt habe, und bestärkte mich darin, auf jeden Fall die ›postsäkuläre Wende‹ von Jürgen Habermas zu besprechen. In den Schriften des Genter Philosophen war mir Tugendhat bereits begegnet, 1965, in seinen Ausführungen zur Metaphysik des Aristoteles und wie fragwürdig die Darstellung des Kollegen zum Thema nachweislich sei. Ich las das letzte Buch von Tugendhat, über einen analytischen Zugang zur Anthropologie, und konnte meinem Freund nur zustimmen. Ich musste also gewarnt sein – wie empfindlich würde mein Gastgeber auf eine Hervorhebung des alten Rivalen reagieren? Und auch ein weiterer Philosoph schien mir unerlässlich, dessen Ansichten vielleicht gemischte Gefühle in der Gesprächsrunde wecken würden, hatte er doch die Phänomenologie – wie der Leiter der Runde sie mit geprägt und entfaltet hat, durch seine lange Tätigkeit für das Husserl-Archiv – auf eine Art weiterentwickelt, die mir am fruchtbarsten für diese

Richtung erschien. Lauerte nicht auch darin ein möglicher Affront, gegen den Leiter, seine ihm loyale Runde? Dabei durfte ich nicht übersehen, was die philosophische Diskussion in der Öffentlichkeit prägte, und das waren nicht die Bücher des Phänomenologen oder die analytische Anthropologie. Es war auf bewährte Weise der Name Habermas, dem Aufmerksamkeit geschenkt wurde (wie Respekt gezollt) – die eigentliche Debatte jedoch zog ein Karlsruher Kollege auf sich, Direktor eines Zentrums für Kunst und Medienforschung, ein philosophischer Bestsellerautor und Fernsehstar. Ihm war das Kunststück gelungen, mit einem Buch von über 700 Seiten, das auf de facto falschen Grundannahmen der steuerlichen Lastenverteilung beruhte, einen Tabubruch zu inszenieren, indem er das Nivellieren von Leistungsunterschieden im linken Postulat der Gleichheit mit einem Plädoyer für die radikale Leistungsgesellschaft beantwortete, den *Hungerkünstler* sprichwörtlich eingenommen. Woche um Woche stritten fortan die Hähne im öffentlichen Ring um das Für und Wider dieses wiederum elegant geschriebenen Bestsellers. Ein Roman für Denker, und neiderfüllt schrieben die Kollegen ihre Fortsetzungen dazu. Philosophisch verbrämtes Feuilleton. Hatte auch nur eine Kollegin sich zu diesem Buch geäußert?

Ich würde diese Debatte ebenso behandeln müssen wie die Wende von Habermas. Und abgesehen davon blieben mir also zwei Positionen, die ich selbst sehr überzeugend fand, die vielleicht aber nicht nur Anlass zur Diskussion bieten würden, sondern auch Konflikte von einst oder jetzt heraufbeschwören konnten. Zumindest wusste ich, dass der Phänomenologe – der wie sein Fachkollege Maurice Merleau-Ponty gekannt hatte, ihn überaus schätzte und sich in seinem Arbeiten auf ihn berief –, dass er die Übersetzung seines Kollegen der *Phénoménologie de la Perception* nicht zitierte, offen kritisierte und stets eine eigene Alternative bei den besprochenen Auszügen wählte. In der Textarbeit verbargen sich oft die größten Streitigkeiten, jegliche Integrität des eigenen philosophischen Denkens konnte einem abgesprochen werden, versah man sich im exegetischen (teuflischen) Detail. Das hatte mein Gastgeber in seiner Besprechung Tugendhats nicht anders gemacht. Wie würde man mit mir umspringen?

V.

Eine lange Reihe hatte sich vor der gläsernen Eingangstür gebildet. Ein Mitarbeiter des Krematoriums öffnete sie für die Gäste, und langsam schritten sie einzeln in die Vorhalle. Die Frau des Philosophen begrüßte jeden, die Paare, man küsste sich auf die Wangen, sprach kurz miteinander, da rückten bereits die Nächsten nach, stellten ihre Schirme zur Seite, brachten die nassen Mäntel zur Garderobe. Zuletzt waren wir uns im Hausflur begegnet, im Mai, nach einem meiner Besuche bei ihr und dem Philosophen. Schmächtig hatte er mit schlohweißem Haar und starker Brille im Flur gestanden, sie musste sich beeilen, ihre alte Mutter zu versorgen, doch ohne Kuss mochte er sie nicht gehen lassen. Fast blind, gebrechlich, in den nun zu großen Kleidern von einst, schien er den Moment zu genießen, mit über neunzig Jahren der jungen Frau, die sie in seinen Augen noch war, in der Hektik ihres Alltags einen Kuss zu entlocken. Ihre Mutter drohte zu sterben, ihr Mann war sterbensalt – die Situation schien sie mehr zu belasten als ihn, der seinem Leben keine neue Wendung mehr geben würde, der seine langstieligen, hauchdünnen Zigaretten rauchte wie er lustig war, die Treppe Stufe um Stufe vorsichtig hinauf- und hinabstieg, dem der Arzt von jeder Reise längst abgeraten hatte, *meine Überlebenschance sei wohl zehn Prozent*, meinte er nur. Nach dem Abschied im Hausflur sah ich sie hier nun wieder, begrüßte sie mich so herzlich wie all die anderen Bekannten, Freunde, Verwandten, Gäste. Jede Person ein Teil dieses Lebens, in der Reihe, einer Lebenslinie, wie Perlen an einer Schnur, die man in der Hand abzählen konnte, so kamen sie einzeln herein, traten näher, verstreuten sich im Raum und die Reihe verlor sich, würde sich nie wieder so bilden. Und wieder meine Vorstellung, Charon brächte nicht nur Einzelne in das Totenreich, es wären Gruppen – wie im Bus, so hier an der Schwelle –, deren Wege sich verliefen, auf der anderen Seite, im Nichts.

Zumindest standen gut gepolsterte Bänke im Nichts, auf denen man warten konnte, bis die Zeremonie im Gedenksaal begann. Es gab drei Säle zur Andacht. Über jeder der Zugangstüren war auf einem Bildschirm eingeblendet, für wen wann genau die Feier in welchem Raum stattfinden würde. Nicht anders als auf den Standesämtern herrschte auch zu Begräbnissen manchmal reger Betrieb, wir waren nicht die Einzigen heute, gleich nach uns kam die nächste Trauergemeinschaft, für eine Feier im Saal nebenan. *Trauert um Eure Nächsten wie um Euch selbst.*

Ich blieb an der Seite stehen. Draußen klarte es ein wenig auf. Am anderen Ende standen zwei der Philosophen, die damals an der Diskussion in dem Gesprächskreis teilgenommen hatten.

Gedenke Mensch, du bist Staub und zu Staub kehrst du zurück. Handelt der ganze Glaube an einen personifizierten Gott davon, erkannt zu werden? Erkannt-werden zu können? Nicht sich selbst zu erkennen, wie die Griechen meinten, nur: erkannt zu werden? Über jede Selbsterkenntnis hinaus? In einer über jede Person hinausweisenden Form von Erkenntnis? Einer Form, die erst zur Erkenntnis befähigt? *Leben?*

Gedankenversunken hörte ich eine einladende Stimme, die Anwesenden mögen sich jetzt bitte in den Saal der Trauerfeier begeben.

VI.

Der Debattierclub tagte in einem Lokal neben dem Stadttheater in Gent, in einem reservierten Saal im ersten Stock, über dem Restaurant. Ein Kellner zeigte mir die Tür zum Treppenhaus und über einen schmalen Aufgang gelangte ich in den Saal. Es war ein großer, nüchtern gehaltener Raum. Tische bildeten ein weites Rechteck, an dem wir uns gegenübersitzen würden. Ich war einer der Ersten, mein Gastgeber selbst noch nicht da, nur ein junger Assistent von der Universität und ein Mann mit dezentem Spitzbärtchen – kein konservatives, althergebrachtes Bärtchen der Vorkriegsjahre, eher ein spitzbübisch freches, eigenwilliges, kurz geschoren und doch markant, der einwilligende Kommentar eines Nachgeborenen zu seinen Vorfahren, im Stil der sechziger Jahre. Dazu schütteres, halblanges Haar. Offen und freudig begrüßte er mich, mit knarziger Stimme, ein direkter, reibungsvoller Mann. Der Assistent blieb auch hier in seiner Rolle, wir gaben uns kurz die Hand, lächelten einander zu, doch viel sagen wollte er (noch) nicht.

»Das war ja sehr gut geschrieben, was Sie uns da geschickt haben.«

Würde ich jetzt selbst als Feuilletonist gebrandmarkt?

»Aber sehen Sie, Levinas hatte Heidegger gar nicht verstanden.«

Da kamen schon die nächsten herein. Ein hagerer, großgewachsener Mann, der als Philosoph hier an der *Rijksuniversiteit* lehrte; ein Kollege aus Antwerpen, auch ein Deutscher; und sogar mein Student von der Kunsthochschule, der mich auf den Philosophen erst aufmerksam gemacht hatte. Ich freute mich sehr, dass er gekommen war, und nutzte gleich die Gelegenheit, mit ihm über seine Arbeiten im Atelier zu sprechen, Skulpturen aus

Tischen, multimedial erweitert. Endlich erschien auch mein Gastgeber, er plauderte gleich angeregt mit dem Spitzbübischen und kam dann zu mir. Wir würden nebeneinander sitzen, die anderen bildeten die rechteckige Runde um uns. Es wurde ein kleiner Kreis, vielleicht hatte mein Text eine Reihe von Gästen bereits verschreckt oder enttäuscht. Wer hier erschienen war, musste zumindest ein Interesse daran haben, und wenn es nur die Treue zu dem Philosophen war, der diesen Club ins Leben gerufen hatte. Da jeder – eine Frau war nicht zugegen – den Text gelesen habe, brauchte ich ihn nicht vorzutragen und konnte die Diskussion nach der allgemeinen Begrüßung durch den Vorsitzenden gleich beginnen. Mein Gastgeber schilderte, wie wir uns kennengelernt hatten und erzählte von unserem Seminar und der Diskussion über sein Buch. Mein Student schmunzelte mir zu. Dann war die Schonfrist vorüber. Wer machte den Anfang? Der Spitzbärtige kam auf seine Kritik an Emmanuel Levinas zurück, und so bewegte sich das Gespräch von einem Aspekt in meinem Text fort, zu einer Grundsatzdebatte über dessen Verständnis oder Missverständnis von Heideggers Denken (von *Heideggers Philosophie* durfte man wohl kaum sagen, unter dem ein oder anderen strenggesichtigen Heideggerianer im Raum). Außer dem Gastgeber und meinem Studenten kannte ich niemand, und versuchte ich vorsichtig die Beweggründe zu erahnen, mit denen manche in das Gespräch eingriffen, ihre Ansichten formulierten. Die Universität in Gent galt als Gegenpol zum katholischen Nest in Leuven. Wurde Levinas als religiöser Denker überhaupt nicht ernst genommen? War ich in einem streng weltlichen Kreis gelandet, der mir sicher auch das gute Wort für die ›postsäkuläre‹ Wende von Habermas verübeln würde? Wovor hatte ich Angst? Warum war mir die Runde suspekt? Immer wieder suchte ich nach Gesichtern, Gestalten, die mir Vertrauen schenken mochten, Spielraum. Oder war es der kahle, in gedämpftem Beige gestaltete, vollends ausgeleuchtete Raum, dessen kühle Atmosphäre mich irritierte? Empfand niemand sonst diese ungemütliche, zweckversessene Sachdienlichkeit? An den hohen Fenstern schien bunt die Leuchtreklame des Restaurants auf, Versprechen entspannter Geselligkeit. Im ersten

Stock aber herrschte Klarheit, Klartext, Klarton. Dem Anschein nach. Die rheinländische Provinz, aus der ich kam, hatte mich nicht zum strikt argumentativen Denker erzogen, wie ein deutscher Literaturwissenschaftler sie einmal in der protestantisch-preußischen Tradition verkörpert sah, bei Kant angefangen. Der Protestantismus aber spielte in Gent keine Rolle. Vielmehr die analytische Philosophie. Und so wie der Spitzbärtige aus einer Anmerkung im Text einen *white elephant* im Raum machte, der wider Erwarten das Gespräch erschwerte (wie denken wir nun im Einzelnen über Heidegger, und da denkt der Heideggerianer nur: im Ganzen!), so meldete der hagere Kollege nun seine Bedenken an, in sehr mildem Ton, ob die Öffnung zur Anthropologie, die Tugendhat versucht, für die analytische Philosophie nicht ein Irrweg sei. Und schon zeigten sich unerwartete Allianzen, die das philosophische Klima in Gent zu prägen schienen, denn der Heideggerianer verwehrte sich ebenso vehement gegen jede Form von Anthropologie wie der Analytiker, wenn auch aus völlig unterschiedlichen Gründen. Mit Religionsphilosophie käme ich hier nicht weit, mit der Anthropologie auch nicht. Oder? Der deutsche Kollege – wie mochte die Großwetterlage in Antwerpen sein? – hielt Tugendhat zugute, dass er in seinen Schriften keinen Jargon bedient oder entwickelt habe (eine noch freundlich geäußerte Kritik in Richtung des Heideggerianers, ihm weit gegenüber). Meinem Gastgeber wurde deutlich unwohl, und so holte er zu einer Grundsatzkritik an Tugendhat aus, die bis in tiefste altgriechische Übersetzungsprobleme führte, bei denen der Tübinger Philosoph deutlich den Faden verloren habe. Ich hatte es mit philosophischen Schwergewichten am Tisch zu tun, die ihren Respekt für meine Überlegungen davon abhängig machten, wie gut ich mich auf den ihnen am Herzen liegenden Feldern schlagen würde. Ich konnte und wollte gar nicht mithalten, wenn es um das Œuvre des deutschen Meisterdenkers ging, die reichverzweigten Gedankenstränge analytischer Schärfe oder das Verständnis DES Aristoteles aus dem Altgriechischen. Ich war kein Professor, der vor allem forschen konnte, sich in Spezialitäten vertiefte. Meine Arbeit bestand in der Vermittlung von Philosophie an zukünftige

Künstlerinnen und Künstler, und dabei versuchte ich so gut es ging, eigene Denkweisen gedruckt auf den Weg zu bringen. Wie sollte ich diesem Kreis gerecht werden? Und warum tat er sich umgekehrt so schwer, mir gerecht zu werden? Hatte ich denn so Abwegiges behauptet? Mein Gastgeber sprang mir bei, als er den Heideggerianer daran erinnerte, dass es in dem Abschnitt zu Levinas doch vor allem um die phänomenologische Position eines ihm sehr geschätzten Kollegen ginge, Herrn Professor Waldenfels aus Bochum, der tatsächlich die Phänomenologie auf sehr eigene und integre Weise heute fortführen würde. Diese Verschnaufpause beendete mein Gastgeber allerdings gleich, indem er auf Habermas zu sprechen kam. International und in den Medien auf Händen getragen, spaltet der Name in Fachkreisen die Gemüter. Er ist der renommierte Vorzeigephilosoph geworden, wie es viele – uneingestanden – so gerne sein würden. An ihm werden philosophische, professionelle und persönliche Vorstellungen festgemacht, abgehandelt, durchlebt, bestritten. Mein Gastgeber nannte ihn nur einen *Träumer.* »Habermas war schon immer naiv.« Und jetzt sprang der Assistent ihm bei und eröffnete feurig, dass die von Habermas vorgeschlagene Wende, hin zum weltlichen Gehalt der Religionen, nicht nur philosophischer Unsinn sei, sondern politisch auch fahrlässig und gefährlich, gerade mit Blick auf den Islam und den Fundamentalismus. Nun waren sich alle einig, und stand ich wie ein Fürsprecher des vollends Verblendeten da. Also zurück zum Text. Was hatte Habermas vertreten, was hatte ich geschrieben? Er hatte bei dem Verhältnis von Glauben und Wissen angesetzt, und dass dieses Verhältnis nicht aufgekündigt werden könne, zugunsten einer Spaltung von Glauben und Wissen und einer Trennung der sie behandelnden Disziplinen, sprich Theologie und Philosophie. Dass vielmehr jede der Seiten das Verhältnis anders in den Blick nehme, was die Philosophie durch ihre Fundamentalkritik am Glauben seit der Aufklärung vernachlässigt bis verdrängt habe. Damit sei aber die Frage nach dem Verhältnis nicht geklärt. Und dränge sich diese Frage mit der Globalisierung massiv auf, in einer überwiegend religiösen Welt, eingedenk der entstandenen politischen Konflikte. War das denn eine so hanebüchene Darstellung der Lage? Habermas stellte, so der Philosoph, keineswegs die richtige Frage. Er mache lediglich bereits beglichene Rechnungen auf. Die weltlichen Einsichten der Religionen – abseits aller Offenbarungen und Gottversprechen – seien doch längst in ethische und moralische Erwägungen überführt worden, im weltlichen, philosophischen Rahmen. »Ich muss doch nicht an Toleranz glauben, ich muss sie zu denken verstehen.« Was sei das für ein Unsinn, dass erst die Toleranz gegenüber dem Glauben, dem Irrationalen, dem nicht zu Denkenden zu einem starken Begriff von Toleranz führe? Jeglicher Glaube könne doch als Aberglaube verbucht werden. Es gäbe da doch gar keinen nachweislichen Unterschied. Oder wie Bertrand Russell meinte, als man ihn fragte, was er denn Gott antworten würde, falls er ihm doch nach dem Tod gegenüber stände, *warum hast Du nicht an mich geglaubt? You didn't give us the evidence.* Welche Form der Evidenz, *Augenscheinlichkeit,* schwebte aber Russell vor? Eine logische, psycho-logische gar? Ein Ergriffensein leiblicher Erfahrung? Die Gottesbeweise waren gescheitert, Liebe und Barmherzigkeit in der Philosophie nicht zu finden. Es öffnete sich ein Abgrund. Wie sollte ich die Legitimität von Habermas' Einsatz begründen? Mir war überhaupt nicht in den Sinn gekommen, dass man sich derart einseitig von einem Problem verabschieden mochte, dass die Welt offensichtlich sehr beschäftigte, dass Leben nach wie vor prägte. »Wenn ich in Ägypten bin«, meinte der Spitzbart, »dann sage ich natürlich nicht, dass ich an keinerlei Form von Gott oder Religion glaube, man versteht gar nicht, dass hier Form und Inhalt von Projektion zu unterscheiden sind.« Sind denn damit auch Themen wie Liebe, Barmherzigkeit, Demut von der Philosophie ausgeschlossen? Wo artikulieren sie sich denn philosophisch? Bei religiösen Denkern, wie Levinas? Oder Paul Ricœur? Ich war in einer Sackgasse gelandet. Weil ich selbst nicht erklären konnte, warum mich diese Frage beschäftigte. Ich konnte es mit meinem Hintergrund erklären, doch nicht argumentativ. Aber brauchte es nicht diesen Hintergrund, offene Fragen, um davon ausgehend zu argumentieren? Welche offenen Fragen hatten den Spitzbärtigen zu Heidegger geführt, welche den Hageren zur gestrengen Analytik? Oder waren dies nur Etappen? Bestand mein Missverständnis darin, *eine* Position finden zu wollen, als Antwort auf den eigenen Hintergrund, das offene Suchen? Musste ich mich nicht viel eher davon verabschieden, der Vorstellung überhaupt des *einen* Hintergrundes, der religiösen Herkunft in meinem Fall, dem Aufwachsen im katholischen Nest, der Heilsversprechen, Sinnversprechen, der metaphysischen Ausblicke und Gedankenflüge? Lag die philosophische Bewegung nicht in einem ständigen Neuorientieren zwischen Möglichkeiten, Vielfältigkeiten, Standortbestimmungen? War mir der ganzheitliche Anspruch in Leib und Seele gebrannt, antikes, mittelalterliches Gepräge, Kreuzgang, Lebensformel? *Gedenke Mensch du bist Staub und zu Staub kehrst du zurück.* Sollte ich besser schweigen, worüber sich widerspruchsfrei nichts sagen lässt? *Credo quia absurdum,* ich glaube, da es widersinnig ist. Erster Satz des Kirchenvaters Tertullian. Was sollte ich damit, was wollte ich damit? Hier und jetzt, in Gent?

Auf den deutschen Medienstar mit dem holländischen Namen kamen wir kaum noch zu sprechen. Es musste meinen Gastgeber enttäuscht haben, dass ich zur Lage der Philosophie in Deutschland anerkennend Beispiele genannt hatte, deren Vertreter fast alle so alt waren wie er selbst, von Positionen, die er zu Genüge kannte und zu denen er selbst seit den siebziger Jahren eine eigene, weniger bekannte, doch nicht weniger markante gebildet hatte; und die aktuelle Debatte der Jüngeren als kaum der Rede wert darstellte, der Generation meiner eigenen Lehrer. Wie war es dann um die Situation gestellt, wenn die Jüngsten auf alte Rezepte schauen und die heute Tonangebenden sich in Luxusproblemen Privilegierter verlieren? Mein Student sagte kein Wort. Was mochte er denken? An der Hochschule erlebte er mich in meinem Element, nicht in Frage gestellt, als der Philosoph im Haus – und nun verkehrte sich das Bild, in anderer Hierarchie, schien ich vorgeführt zu werden, im Ping-Pong der eingespielten Diskutanten. Verlegen lächelte ich ihn an.

Vor der Tür des Lokals steckte der Philosoph sich eine Zigarette an, standen wir im bunten Lichtschein des belebten Theaterplatzes. Die Kollegen verabschiedeten sich schnell, der Assistent war schon früher gegangen. Wie er selbst denn den Abend erfahren habe, fragte ich unsicher den Philosophen. »Sie waren so zögerlich«, meinte er nur, vielleicht befremdet, entfremdet, ich konnte es nicht einschätzen. In seinem Territorium war für mich kein Platz. Dabei wäre es ein leichtes gewesen, an der Kunsthochschule den Philosophen als Fremdkörper erscheinen zu lassen, im Kreis der Künstlerinnen und Künstler, wozu ich nie einen Anlass hätte geben wollen und woran mir auch im Seminar nie gelegen war, im Gegenteil. In der Enttäuschung war es naheliegend, seinen Besuch bei uns mit meinem bei ihm zu vergleichen, auch wenn es vollkommener Unsinn war, keine der Situationen zu vergleichen, und beide Einladungen im besten Vertrauen und Wohlwollen ausgesprochen waren. Er hatte meine Runde zu bereichern gewusst, nicht ich die seine. Wir würden uns wohl nicht wiedersehen.

VII.

Und so erhielt ich acht Jahre später in unserem neuen Haus jenen überraschenden Anruf. *Rudolf* am Apparat. Ein älterer Mann namens Rudolf. Also *der* Rudolf? Ja der. Und er hatte sich nicht verwählt oder rief wahllos alte Bekannte an, in der Einsamkeit vielleicht des Alters. Nein, er arbeitete unentwegt und brauchte Hilfe. Fast blind sei er geworden, diktiere seine Texte, zwei letzte habe er noch, die möchte er abschließen, dann sei es gut. Wie alt mochte er nun sein? Ein greiser Mann, die Stimme brüchig doch fest, festgehalten, mit jedem Wort. Das Diktieren wird ihm nicht leicht fallen. Vielleicht auch das ein Grund, zum Ende zu kommen. Den Schluss zu schreiben. Das Leben als Buch zu beschließen.

Wir vereinbarten also, dass sein Mitarbeiter die Artikel über E-Mail schicken würde. Es war ein ausführlicher, über das Verhältnis von Phänomenologie und Metaphysik, und ein kurzer, genannt *Mein Schlusswort über Heidegger*. Nicht *zu Heidegger*, nein, *über*. Wie ein Urteil. Gespannt öffnete ich die Dokumente und druckte sie aus.

Sein Buch über das Verhältnis von Wirtschaft und Metaphysik hatte mir immer am besten gefallen. Es gehörte zu den schmalen Bänden, die er gegen Ende seiner Buchveröffentlichungen herausgab. In ihnen bemühte er sich um eine Verdichtung und Klarheit, welche die gelehrten Werke seiner früheren Jahre auf das zu richten schien, was ihm tatsächlich am Herzen lag und wofür er selbst stand. Sein erstes Buch, über die Metaphysik des Aristoteles, war ein Schulbeispiel beflissener Übersetzung, Lektüre und Deutung, scharfsinnig bis ins Detail. Diese Genauigkeit war nicht nur Aristoteles geschuldet, vielmehr auch dem Vorgänger, wenn nicht gar Vorbild Heidegger, dessen Annahme einer ›fundamentalen‹ Lehre vom Sein er darin widerlegte. Das ›Grundlegende‹, ›Fundamentale‹, war nie als solches zu bestimmen, nie deckungsgleich mit dem ›Wesentlichen‹. Das ›Wesentliche‹ – auch des ›Grundlegenden‹ – wäre, nach Aristoteles, dreifach zu untersuchen: in seiner Stofflichkeit, seiner Wahrnehmung und der dabei sich zeigenden Verbindung. Ich kann den Stein in der Hand fühlen, nicht aber, was ihn zu Fühlen befähigt. Ich kann diese Befähigung naturwissenschaftlich erklären, durch physikalische, chemische, biologische Modelle, das lebendige Fühlen damit aber nicht erreichen. Das ›Wesentliche‹ in seiner dreifachen Weise bleibt der empirischen Wissenschaft wie dem Erleben selbst verborgen. Und muss doch angenommen werden, soll die Erfahrung *einer* Wirklichkeit, wie sie als gegeben sich uns aufdrängt, nicht zerbrechen, in unendlichen Teilhaftigkeiten, Überlappungen, Durchkreuzungen, Metamorphosen ...

Wer nicht von dreitausend Jahren
Sich weiß Rechenschaft zu geben,
Bleib im Dunklen unerfahren,
Mag von Tag zu Tage leben.

Ein Vers von Goethe, aus dem Buch des Unmuts seines *West-östlichen Divans*. Der Philosoph hatte es seinem Bändchen über das Verhältnis von Wirtschaft und Metaphysik voran gestellt. Die Metaphysik beschäftigte ihn weiterhin. Aristoteles hatte einen äußersten Horizont eröffnet, mit dem er das Ideal eines Wissens um des Wissens willen in Aussicht stellte. Worauf aber sollte dieser Horizont hinaus laufen, was sich mit ihm eröffnen? Offenbar schadete es der Metaphysik nicht, als Problem formuliert zu sein, ohne Aussicht auf Erfolg. Die Formulierung war in der Welt, als Form auch vom Inhalt zu lösen, an Bewältigung zu erproben. *Ökonomie und Metaphysik* beschreibt diese Umwandlung der Form von der Antike zur Gegenwart. Die Frage bleibt der Stein in der Hand (auch wenn der Philosoph dieses Beispiel nie bemüht hat). Wie wirken Natur und menschliche Erfahrung ineinander? Der Stein kann dem Menschen zu etwas dienen, etwa seine eigenen Bedürfnisse zu stillen – als Waffe, als Tauschgegenstand, Material für Angelegtes, Hergestelltes. Er dient also auch der Beschäftigung mit dem Gegenstand in seiner

Umgebung, einer bestimmten Technik, einem Wissen darum. Die Technik erlaubt es, sie selbst zu untersuchen. Mit dem Gebrauch und dem Wissen um den Stein in der Natur geht eine Naturkunde einher, die in der Technik zur Forschung wird, Naturphilosophie im weitesten Sinn. Statt auf den Stein in der Hand zu achten, kann man auch die Hand um den Stein fühlen. Oder die Hand in der Hand eines andern. Die Technik und das Wissen gehen von Hand zu Hand, das Forschen und Denken sind immer geteilt. Wenn der Stein dem gemeinsamen Haushalten dient, wird dieses Teilen zum Thema, politisch. Und wie schon die Technik Forschung und Wissen eröffnet, so die Politik das Erkunden eines besseren Lebens, einer Lebensphilosophie. Naturphilosophie und ›Existenzphilosophie‹, so der Philosoph, seien ›schwerlich voneinander zu trennen‹. Genau das wiederum bewirkte die Umwandlung der metaphysischen Problemstellung in Teilprobleme, die alle der Formulierung eines Wissens um des Wissens willen treu blieben, angewandt auf ihren je eigenen Bereich. Da wäre zunächst die Teilung von Naturphilosophie in -wissenschaft, in der Beschränkung auf den mathematisch zu ergründenden Aspekt der Wirklichkeit, im unverminderten Ideal eines Wissens um des Wissens willen, wie es andererseits auch die nun losgelösten Geisteswissenschaften beschäftigen sollte. Da wäre zum anderen die Überführung der Naturwissenschaft und Technik in ein gemeinsames Haushalten, dass nicht länger der Nachfrage geschuldet ist, sondern die Formel ›Wissen um des Wissens willen‹ in den kapitalistischen Grundsatz ›Produktion um der Produktion willen‹ übersetzt, in Angebot um des Angebots, Wachstum um des Wachstums willen. Dass Naturwissenschaft, Technik und Ökonomie von ›Natur als solcher‹ allerdings nicht zu trennen sind, zeigt bereits, dass die wichtigsten technischen Erfindungen auf nichts anderem beruhen als der Nutzung von Naturkräften: des Dampfdrucks, der Explosivität von Gasen, der Elektrizität, der bei einer Spaltung oder Verschmelzung von Atomkernen ›freigesetzten‹ Energie. Mehr als jede andere, schrieb der Philosoph, stehe die moderne Wirtschaft vor der Frage der Ökologie, die Frage der ›heutigen und künftigen Bewohnbarkeit der Erde, die uns behaust‹. Hier war es wieder, das Motiv der Zerbrechlichkeit unseres Seins. Die Erde ›behaust uns‹, nicht wir sie. Wozu der Stein auch immer dient, er ist nicht nur lebloser Gegenstand, er teilt mit der Erde uns die Möglichkeit zu bieten, aktiv zu werden, zu sammeln, zu jagen, etwas herzustellen, zu zerstören. Als Gegenstand von Hand zu Hand zu gehen, die Hand zu reichen. Wie kann es gelingen, die Naturkräfte durch ihre Nutzung nicht zu erschöpfen? ›Energie‹ nicht zu einer Belastung für die Natur werden zu lassen, in ihrer Gewinnung, Übermittlung, Aufbereitung, Wiederverwertung? Energie als ›Grundstoff der Welt‹, wie Werner Heisenberg meinte? Das Grundlegende ist nicht das Wesentliche. Davon war weiter auszugehen.

Das Ideal eines Wissens um des Wissens willen ist nicht haltbar. Der Gebrauch des Steins ermutigt zum Forschen, wie dann auch umgekehrt, nicht losgelöst davon. Die Naturwissenschaft kam auf praktische Erfolgsversprechen zurück, die experimentell bewiesen und technologisch eingelöst wurden. Was einmal bestätigt war, in Testreihen, galt als Tatsache. Eine Tatsache unter Absehung von Wirklichkeit, wie Aristoteles sie einst beschrieb, als Zusammenhang von Stoff, Erscheinung und ihrer Verbindung, nurmehr als mathematisch bestimmter Modellcharakter, dessen Übereinstimmung mit der Wirklichkeit nach Ursache und Wirkung behauptet wurde. Die Wirklichkeit sollte ihren modellierten Ausschnitten genügen. Und mutierte zur Wirklichkeit dieser Ausschnitte.

Sieben bis acht Mal hatte der Philosoph die *Krisis*-Schrift von Husserl für die Herausgabe durch das Archiv in Leuven durchgesehen und mit dessen Aufzeichnungen dazu verglichen. In diesen Überlegungen zur ausschnitthaften Verengung der Welt und ihrer Folgen für die Wirklichkeit war er Husserl gefolgt, der genau darin die Krise der westlichen Wissenschaften begründet sah, eine Krise der Zerstörung von Mensch und Natur, wie es nach dem Tod des Phänomenologen offenkundig werden sollte, in Form der Atombombe und der Umweltschäden, bis hin zum – im Haus der Welt gemachten – Klimawandel. Das Versprechen auf ein Wissen um des Wissens willen hatte sich als wenig hilfreich erwiesen. Auswege gab es seit der Antike.

Und sie führten bis zur Phänomenologie. Aristoteles hatte mit der Komplexität der Metaphysik auf die Naturphilosophie von Demokrit geantwortet, der die wahrnehmbare Welt rundweg als Schein betrachtete und alles von den kleinsten Elementen der Natur her zu erklären versuchte, den Atomen, als das Grundlegende. Die Erscheinungen der Wahrnehmung galten ihm nur als *Phänomene.* Aristoteles wies den Weg, wie dieser Abgrund zwischen Schein und Sein zu überwinden sei, in der Allumfassendheit seiner Metaphysik, der dreifachen Bestimmung des Wesentlichen gerecht zu werden. Es hatte nicht sollen sein, und die Besorgnis darum teilte Aristoteles selbst schon mit, indem er zu bedenken gab, dass die Frage nach der dreifachen Verbindung im Wesentlichen sich zwar stellen ließe, wie aber beantworten? Dass die Frage der Metaphysik sich stellt, indem ihr Gegenstand sich einer Antwort entzieht, das wurde bereits deutlich. Aristoteles stiftete eine Aporie, Verlegenheit, die bis in die Gegenwart des Philosophen zu wirken vermochte, indem Heidegger sich genau dieser Verlegenheit stellte, sie für eine ganze Generation junger Philosophen zum Stein in der Hand werden ließ, für Emmanuel Levinas, Jean-Paul Sartre, Maurice Merleau-Ponty nicht anders wie für Hannah Arendt.

Wer die Scheinhaftigkeit der Welt behauptet und die Geltung des Wahrnehmbaren damit in Abrede stellt, zweifelt daran, den eigen Augen Glauben schenken zu können. Skepsis ist die Kehrseite von Glauben und Wissen zugleich. Ein Stachel, der in beide Richtungen sticht. Ein Schüler in der Nachfolge von Demokrit achtete mehr auf diesen Stachel als darauf was er berührte: Pyrrhon, dessen Gedanken nur in der Überlieferung des Sextus Empiricus bekannt sind, aus dem zweiten, dritten Jahrhundert nach Christus. So zitierte der Philosoph aus seiner Schrift über Pyrrhon: »Es ist aber das skeptische Vermögen ein solches, auf jederlei Weise Erscheinungen (›phainomena‹) und Denkbares (›noumena‹) einander entgegenzusetzen, und von daher gelangen wir zufolge der Gleichgewichtigkeit der einander gegenüberstehenden Sachen und Erklärungen zuerst zu einer Enthaltung (der Entscheidung, ›epoché‹), sodann aber durch diese zu einer Unerschütterlichkeit (›ataraxia‹).« Die Skepsis scheidet Glauben wie Wissen, durch eine Enthaltung des Urteils. Und es ist diese Enthaltung, die nach Pyrrhon selbst zur ›Unerschütterlichkeit‹ führt, als ginge es weniger um Wahrheit als um Tugend, Standhaftigkeit, die Frage, wie man sich zu dieser Aporie verhält. Genau darin fand der Philosoph seinen eigenen Ansatz. Nicht wie Heidegger der Aporie zu verfallen, allein die eigene Orientierung daran auszurichten, im Denken wie im Leben, mit dem Stein in der Hand zu wandern. Die Phänomenologie von Husserl schien ihm darin weiterhin die wichtigste zeitgenössische Wegmarke, indem Husserl die Enthaltung, den Stachel, in die Teilhaftigkeiten der modernen Welterkundung einführte, zeigte, wie die Wirklichkeit sich in Ausschnitte der Wissenschaften verkehrte, wie die Wahrnehmung am eigenen Körper nicht über die Scheinhaftigkeit hinaus zu greifen vermag. Als beschriebe Husserl beide Seiten – Glauben und Wissen – vom Stachel einer skeptischen, unabschließbaren Erkenntnis aus. Dass der Gründer der Phänomenologie im Alter für diesen Einschluss in Ausschnitte als Tatsachen und Glauben des Annehmbaren, in die Hand zu nehmenden, das Wort *Lebenswelt* prägte, war nur eine Konsequenz daraus (und keine Neuerung dank eines neuen Begriffs, wie manche zunächst meinten). Die philosophische Wahrheit liegt nicht jenseits des Scheins oder im Verbund mit dem Sein. Sie rührt vom Stachel der skeptischen Erkenntnis her. Und diese Erkenntnis gilt dem Orientieren und Handeln in und mit der Welt, keinem ›interesselosen‹ Denken oder gar ›Wohlgefallen‹, wie Kant es für die Kunst behauptete. Im Interesse an einer eigenen, lebensbefähigenden Welt liegt unser Tun und Lassen begründet, skeptisch, wohlgemerkt, nicht fundamental. Hier wieder verdichtet sich der Knoten von Natur- und Lebensphilosophie, wie ihn die Antike aufgezeigt hat, und wie wir ihn seit der Neuzeit zu entwirren suchen, nur um uns selbst darin zu verstricken, mitsamt der Natur. Von der Phänomenologie her müsste ein Neuanfang der Natur- als Lebensphilosophie und umgekehrt gemacht werden. Zugunsten einer Naturwissenschaft, die sich nicht auf den ›Grundstoff Energie‹ kapriziert, zugunsten einer Wirtschaft, die der Nachfrage gilt, zugunsten einer Politik, die dies zu teilen hilft, zugunsten einer

Kunst, die das Staunen an der Welt in Bildern und Vorstellungen anschaulich werden lässt.

VIII.

Die Straße des Philosophen lag auf einer schmalen Landzunge. Zu beiden Seiten strömte der Fluss, der Kanal. *Visserij* hieß sie, *Fischerei*. Früher mochten hier die Boote angelegt haben, wurde vielleicht der frische Fang verkauft. Keines der Häuser zeugte davon. Wie die Zunge begann ihre Reihe mit enggebauten Häuschen, wurde schnell breiter, als sei die arme Zeit schon lange verdrängt, reihten sich Herrenhäuser ein, aus dem 19. Jahrhundert. Auf die Landzunge führte eine Brücke, die quer zu ihr lag, wie der Balken auf dem T. Die Spitze der Zunge lugte darunter hervor, wie der Bug eines Schiffes, und so hatte die Stadt dort eine halbrunde Aussichtsplattform angelegt, eine Terrasse mit Holzbänken, auf denen man seine Gedanken schweifen lassen konnte, in die nahe Ferne des Wasserlaufs, von Kaimauern, Uferpromenaden begrenzt, mit der hochaufragenden Elektrizitätszentrale im Hintergrund. Um vier Uhr waren wir verabredet. Mein Unterricht dauerte bis halb vier. Doch eine halbe Stunde würde ich von der Hochschule bis zu seinem Haus nicht brauchen, das wurde mir jetzt klar. Auch wenn der Wind bereits kälter wurde, setzte ich mich kurz auf die Terrasse. Es war Oktober, und die Möwen segelten übers Wasser, als würde hier immer noch Fisch verkauft.

Auf der Landzunge führte der Gehweg entlang der Häuser. Ich lief lieber am Ufer, über den Pfad zwischen Parkplätzen und Geländer, weiter die Aussicht zu genießen (gegen die Strömung zu ›fließen‹). Die Zunge wurde Land, Stadt, Fluss, ich kam an eine Kreuzung, Brücke, Busse hielten hier, der Verkehr nahm zu. Die Fischerei verlief auf der anderen Seite weiter, mit dem Fluss, den vergessenen Anlegestellen von einst. Schöne, stolz aufragende Fassaden, hohe Fenster, Bürgerhäuser, die aufstrebende Schicht vergangener Jahrhunderte hatte sich hier festgesetzt, war bereits überholt, vom Lauf der Zeit. Alte Bäume überdachten die Parkplätze, gliederten die Aussicht, schwere

Stämme im Blick. Fast hätte ich Lust gehabt, das Herbstlaub mit den Schuhen aufzuwirbeln, doch wer weiß wie viele Hundebesitzer hier mit ihren Liebsten durchs Sträßchen gingen, für das ganz große Geschäft, nun verborgen, unter dem Laub ... Ich lief vorsichtig weiter, nicht in ein solches Geschäft zu *tätigen*.

In einer Biegung der Fischerei lag das Haus des Philosophen. Kein Name an der Klingel. Im Fenster hing ein Plakat, für ein Projekt zur Flüchtlingshilfe. Ich drückte den Kopf, eine helle Glocke erklang im Hausflur. Jemand näherte sich langsamen Schrittes und öffnete die Tür. Herzlich begrüßte er mich mit Vornamen, auch nach unserem Telefongespräch wagte ich kaum, es ihm gleich zu tun. Seine Frau kam hinzu und fragte, was ich trinken möchte. Ein Wasser genügte mir, nach dem Unterricht, dem erfrischenden Weg hierher. Der Philosoph wandte sich zur Treppe, während seine Frau in die Küche ging. Ich folgte ihm. Ruhig nahm er Stufe um Stufe, die Hand stets auf das Geländer gestützt. Zur Sicherheit, um Kraft zu gewinnen, aus Gewohnheit – ich blieb hinter ihm, sollte er plötzlich Hilfe brauchen.

Alles war großzügig in dem Haus, stilvoll, warm und licht; sein Arbeitszimmer, in dem er mich empfing, ein hoher, weiter Raum, gerahmt von Bücherwänden mehr als -schränken, mit Ausblick auf eine Oase inmitten der Stadt, einen Garten alter, frei sich entfaltender Bäume, einen Kirchturm in der Ferne, wenn ich mich nicht täusche. Helle Holztöne mischten sich mit dem strahlenden Sonnenschein des Nachmittags, er wies auf zwei Sessel an einem Tischchen, dort stand bereits Gebäck und Kaffee. Ich setzte mich zu ihm, und er schaltete sein Hörgerät ein. Nun war er auf Empfang, wie er scherzte. Von meinem Sessel aus blickte ich auf den Buchrückenwandteppich mir gegenüber, links von der Tür zum Flur, durch die wir gekommen waren. Die vollständige, über fünfzigbändige Werkausgabe der Schriften Husserls stand dort, die Schriften von Marx, von Feuerbach und vielen anderen. Weiter links davon der geräumige Schreibtisch, auf dem sauber geordnet einige Unterlagen und Briefe lagen. Darüber hing ein Gemälde, das Bild einer historischen Begebenheit, die ich nicht kannte. Ich wendete mich ihm zu, die Korrekturen seiner beiden Artikel in der Hand.

»Wollen wir Ihre Beiträge durchgehen?« Er war ganz Ohr, *auf Empfang*. Die Änderungen galten vor allem grammatischen Fehlern und solchen der Rechtschreibung, Abweichungen des deutschen Sprachgebrauchs vom niederländischen. Konjugationen im Dativ gab es auf die Art im Niederländischen nicht; zum Beispiel, wer eine Frage stellt, stellt sie nicht jemand*em*, sondern *an jemanden*, vom Akkusativ nur durch die richtungsweisende Präposition zu unterscheiden. Hier und da war ein Satz nicht verständlich ausformuliert, gab es Undeutlichkeiten, die vielleicht aus dem freien Diktieren entstanden waren oder Verständnisschwierigkeiten, ergänzenden Deutungen seines flämischen Mitarbeiters. Ein, zwei Mal machte ich stilistische Kürzungsvorschläge, die Satzmelodie zu verbessern. Mehr nicht.

Das Thema des ersten, langen Artikels war, kurz gesagt, die Langeweile in der Lebenswelt. Erst nach dem dritten, vierten Lesen schälte sich dieses Thema für mich heraus, wurde es allesbeherrschend, verkörpert nahezu in dieser Wohnung, dem seit Jahren und Jahrzehnten allem Anschein nach geordneten Sein, dieser Wohnstatt, Ruhe, ohne familiären Nippes, Wandschmuck, Zierrat, ohne Kinderzeichnungen, ästhetischen Übermut. Natürlich war dieser Hintergrund nichts Grundlegendes, besagte er nichts, was nicht philosophisch allein sich erweisen musste, gedanklich, folgerichtig. Doch selbst Platon hatte Sokrates im Dialog mit dem Sklaven Menon aufzeigen lassen, dass man einer Idee nur durch Erfahrung teilhaftig werden könne, bliebe sie einem logisch betrachtet fremd. Es war die Erfahrung, die zur Wesensschau befähigte, auch nahm Platon sie nur zum Ausgang (aus der Höhle seines Gleichnisses, im Buch *Der Staat*). Die Idee der Schönheit erlaubt es, Schönes an Dingen wahrzunehmen, wie der Philosoph in seinem Beitrag mit Blick auf Platon schrieb. Die Höhle aber blieb Voraussetzung, sie zu verlassen, Erbe noch der Metaphysik nach Aristoteles, im Streben nach einem Wissen um seiner selbst willen, befreit von den Ketten praktischer Verpflichtung, sich selbst und anderen gegenüber, in Leben und Werk. So erinnerte der Philosoph daran, dass Aristoteles hinzugefügt habe, Sein als solches, *essentia*, verwirkliche (*verwezenlijkt*, ›verwesentlicht‹, wie es im Niederländischen heißt) sich nur als *seiendes* Wesen, Prädikat eines Wesens, *substantia*. Aristoteles, so schreibt er weiter in seinem Text, »beharrte darauf, dass ein Wesen sich uns immer nur aufdrängen kann in wesentlichen Dingen; d.h. Dingen, die untrennbar sind von bestimmten Eigenschaften sowie diese von jenen. (Gekennzeichnet durch ihr Sein-was-es-war, zu verstehen etwa so wie wir von den ›Dingen, die sind was sie sind‹ sprechen.) So bringt eine Eiche jahrein jahraus neue Blätter hervor und wirft sie wieder ab, aber immer nur Blätter von der charakteristischen Form des Eichenlaubs.« Platon trug seine Höhle auf dem Rücken mit, abgewandt von ihr, der Idee des Guten zustrebend, wie die Eiche nicht ohne ihr Laub zu denken ist. Der Herbst zeigte sich im Garten in seiner lichtdurchtränkten Pracht, die Bäume fächelten mit gelben und roten Blättern. Winke mit freundlichen Erinnerungszetteln der Natur, während wir, geschützt im wohnlichen Bau, den Gedanken des Philosophen nachgingen, ob die Formulierungen sie richtig vermittelten. Aristoteles war seinem Lehrer Platon nicht vollends darin gefolgt, nach der *essentia* zu streben, dem Wesen als solches, doch er hatte seiner Schrift über alles Körperliche, Physische eine weitere, letzte folgen lassen, deren Name *meta ta physica* nurmehr bedeutete, dass sie eine Lehre nach der Physik noch in Aussicht stelle, eine Lehre des Seins, der Göttlichkeit. Die nach der Physik kommende Lehre wurde schlichtweg so genannt: Meta-physik, über die Physik hinausreichend. Das Äußerste, nach dem Platon strebte, war die Idee des Guten, mit der alles Bleibende und Überdauernde verbunden sei. Auch hatte sein Nachfolger die Suche nach einer solchen Idee, der Essenz, dem Wesen durch seine plausiblen Einwände erschwert, die Suche selbst wollte er darum nicht aufgeben. Die Erkenntnis der Essenz, müsste sie nicht zusammenfallen mit einem Wissen um des Wissens willen? Einer Selbsterkenntnis durch und durch? Einem Eingehen des Erkennens in den Gegenstand seiner Erkenntnis? Dem Zusammenführen der Seiten, die die Welt zusammenhalten? Der körperlichen wie der geistigen?

Auf diese Gedanken, meinte Aristoteles, konnte man erst kommen, wenn man von aller Mühsal befreit war, sich eingerichtet hatte, seine Sachen geregelt, freie Zeit dafür fand frei zu denken, von sich selbst absehend, der Welt zugewandt. Betrachtung, *theoria*. Mit Heidegger erinnerte der Philosoph an meiner Seite an den Übergang allen Besorgens hin zum Müßiggang, der Erfahrung freier, ungebundener Zeit. Es sei die Erfahrung von Langeweile. Einer tiefen Langeweile, die das eigene Dasein zugleich in Frage stellt. Was sonst stellt es dar, wenn nicht die Sorge um seinen Selbsterhalt? Kann die umfassende Selbsterkenntnis, mit Aristoteles, dem praktischen Selbsterhalt genügen, einen Sinn geben? Geht diese Erkenntnis nicht über in den Lauf der Welt, den Lauf aller Dinge, den der Vergänglichkeit? Bietet das Wissen um des Wissens willen noch einen Anker im Fluss des Vergessens, Lethe? Aristoteles hatte doch selbst auf die Schwierigkeiten aufmerksam gemacht, das Wesentliche aus dem Stoff, seiner Gestalt und ihrer gemeinsamen Verbindung zu erkennen. Ich kann den Stein in der Hand fühlen, nicht aber fühlen ihn zu fühlen. Ich kann diesen Hintergrund naturwissenschaftlich erhellen, nicht aber lebendig erfahren. Und ich kann die Frage nach dem Zusammenhang stellen, als Zeugnis zumindest ihrer Redlichkeit, auch wenn sie zu keiner Antwort führen mag. Oder nicht? Konnte die *Metaphysik* tatsächlich einen Ausweg bieten? Nein, hatte Heidegger geantwortet, die Frage ohne Antwort zeigt nur an, was das Sein selbst ist – sein Entzug, *Nichtung*, Vergänglichkeit. Der Anker war rettungslos verloren. Das Leben in offener See.

Ich verstand nicht, wie man die Langeweile mit dieser Tragik verbinden konnte. War es nicht eher Agonie, Starre, Verstummen? Die Angst, wie Søren Kierkegaard sie beschrieben hatte, als Kehrseite der Freiheit, frei zu denken, frei zu betrachten? Hatte Aristoteles je diese Angst gespürt? Eine sein Dasein bedrängende Blöße hat er sich – in seinen Schriften zumindest – nicht gegeben. Praktisch hatte er diese Bedrängnis erfahren, war selbst mit dem Tod bedroht worden, flüchtete. Doch seiner Metaphysik war sie fremd. Sollte dem Allumfassenden eine Doppeldeutigkeit innewohnen, nicht allein aus Stoff und

Gestalt, vielmehr aus gebundener Angst und ungebundener Freiheit?

Der Anker im Leben des Philosophen war dieser Raum, der Raum, denken zu können, mit den Schriften anderer, im Gespräch mit seinem Gegenüber. Der Raum war still, fern der Straße, zum Garten gelegen. Er ließ einen atmen, aufatmen, durchatmen. Nichts Praktisches bedrängte uns. Alles stand an seinem Platz, funktionierte – die Möbel, Bücher, das elektrische Licht. Ein aristotelischer Ort, wenn man so will. Kein Wunder, dass den Philosophen das Thema nicht losließ. Es war der Inbegriff seiner eigenen Sehnsucht, die hier Gestalt angenommen hatte, mit ihm, um ihn herum. Ein Ort aller Bedrängnis enthoben. Ein Ort auch der Langeweile, der langen Tage, des langen Nachdenkens, der fruchtlosen Bemühungen. Betrachtung, in all ihrer Vielschichtigkeit. Von Angst keine Spur. Oder nicht? Angst zu versagen, vergessen zu werden, im Abseits zu stehen? Zu sterben? Unermüdlich arbeitete er weiter, mit über neunzig Jahren, ergriff er die Initiative, rief an, wen er brauchte. Er wollte die beiden Artikel verschiedenen Zeitschriften anbieten. Wie machte er das, ohne Internet, fast blind? Er organisierte sich, wie er es ein Leben lang getan hatte. Seine Frau würde ihm helfen, sein flämischer Mitarbeiter, und nun war ich an der Reihe. Man kann nicht sagen, dass er keinen Sinn für Praxis gehabt hätte. Wer sich selbst im Elfenbeinturm eingerichtet hat, muss viel besorgt haben.

Die Langeweile soll also der Grundschlag des Strebens nach Wissen sein, des Wissens um des Wissens willen. Die Abwesenheit von Not. Machte es denn Sinn, hier von Ursache und Wirkung zu sprechen? Beides auf die Art zu verknüpfen? Ich hatte meine Zweifel. Ich lebte noch lange nicht im Elfenbeinturm. Die Rede vom Menschen als Mängelwesen schwang dabei zu sehr mit, wie sie eine ganze Generation von Wissenschaftlern und Denkern beeinflusst hatte, von der Anthropologie eines Arnold Gehlen ausgehend, über Hans Blumenberg bis hin zu diesem, aristotelischen Ort, meinem Philosophen. Sicher gab es dafür gute Gründe. Nackt in der Natur waren wir zu wenig fähig. Doch warum den Menschen an der Not festmachen, wenn nicht zugleich an der Freiheit? Warum nicht tief in die Mehrdeutigkeiten und Möglichkeiten des Lebens tauchen? Die Angst mit der Freiheit, den Mangel mit dem Findungsreichtum denken – und nicht das eine vor das andere stellen?

Ich fragte mich, ob das Denken in Begründungszusammenhängen, wie es der Philosoph praktizierte, nicht zu sehr in dem verhaftet blieb, was er mit seiner ersten Schrift bereits als vergeblich aufgezeigt hatte – das Denken im Grundlegenden. Hatte nicht Aristoteles gezeigt, dass es auf das Gesamtgewebe, die Struktur, ankam? Und wie unmöglich – einem metaphysischen Anspruch nach – dies zu erkennen sei? Wie konnte er also auf Gründen aufbauen, deren Gewebe, Zusammenhang wiederum wesentlich war, wenn nicht deutlich wurde, wie beides genau zusammenging? Nicht nur Heidegger hatte sich hieran abgearbeitet, die Erkenntnis des Seins im Sein selbst zu suchen, auch Merleau-Ponty hatte vor der Schwierigkeit gestanden, die Erkenntnis in Strukturen, Formen zu erhellen und gleichzeitig eine Wendung hin zum Sein zu thematisieren, dem *Fleisch der Welt*, wie er es nannte. Der Philosoph kam auf Husserl zurück, ihren Vorgänger, und dessen Erkenntnislehre. »Husserl«, hatte er geschrieben, »spricht anstatt von Wahrheit fast immer nur von Evidenz; und evident ist nicht die Übereinstimmung einer beliebigen Vorstellung mit ihrem Gegenstand, sondern immer nur die Übereinstimmung einer Erscheinung mit einer Intention.« Den metaphysischen Anspruch, Erkenntnis und Sein gemeinsam zu erfassen, in ›Übereinstimmung‹ zu bringen, hatte er mit Husserl längst aufgegeben und nie wieder von neuem gesucht, wie Heidegger etwa oder Merleau-Ponty. Der Vergänglichkeit etwas Bleibendes abringen zu wollen, interessierte ihn nicht mehr, hatte ihn womöglich seit den frühen Erfahrungen des Zweiten Weltkriegs schon nicht mehr interessiert. Er hatte sein letztes Buch, die Kunstlehre, seiner Schwester gewidmet, die als Jugendliche 1942 ums Leben kam. Er war nicht im friedlichen Westdeutschland der achtziger Jahre aufgewachsen, sondern im kriegstreiberischen Nazideutschland. Nein, die Frage der Metaphysik mochte berechtigt sein – und die Vergänglichkeit war *evident*. Nichts aber berechtigte zu der Annahme, die

wieder ins Spiel, nicht zuletzt bildet das den Rahmen des Artikels selbst, das Gegenüber von *Metaphysik und Phänomenologie*, wie es im Titel heißt. Statt sich erneut von einer Wende zum Sein, einer *Kehre* gar, wie Heidegger sie später verkündete, fangen zu lassen, plädierte der Philosoph in seinem Text entschieden für ein ›Fuß fassen‹ in dieser, unserer einzigen Lebenswelt, den begrenzten lebensspendenden Gegenden, Regionen, Kontinenten auf der Erde, mit unseren begrenzten Mitteln, entgegen jener tiefen, metaphysischen ›Langeweile‹.

So hatte ich offenkundig auch jene Einwände gegen jede Form von Religiosität zu verstehen, die mir vehement entgegen geschlagen waren, damals in der Gesprächsrunde. ›Sie unterscheiden nicht Form und Inhalt, und verstehen nichts von Projektion‹, hatte der Spitzbärtige mir zugerufen. Die Übereinstimmung von Erkenntnis und Gegenstand war mit Kant passé, die Übereinstimmung von Erscheinung und Hinwendung, Interesse nur noch gegeben, auf dem Boden der Lebenswelt. Die Natur, das womöglich Übernatürliche, Metaphysik im aristotelischen Sinn, war unerreichbar. Und wer die Frage noch zuließ, zeugte nur von seinem eigenen Unverständnis, Wahrheit mit Evidenz zu verwechseln und die Übereinstimmung von Erkenntnis und Gegenstand mit der von Erscheinung und Intention. Ich hatte es nun verstanden. Aber wie konnte aus diesen logischen Erwägungen auf die Erfahrung geschlossen werden? Hatte Aristoteles nicht bereits gezeigt, dass die Verlegenheit genau darin lag, dass Denken und Fühlen zwar gemeinsam erlebt, doch nicht zusammen philosophisch eingeholt werden können? War die Beschränkung Husserls nicht vielmehr eine zugunsten des Denkbaren einer Lebenswelt, statt eines Lebbaren? Musste nicht auch hier wieder die Vieldeutigkeit Einzug halten, wo alles vom Entzug bestimmt zu sein schien?

Es ging mir gar nicht darum, dem Philosophen nicht in dem zuzustimmen, was er sagte. Auch ich ging davon aus, dass der Glaube an Übernatürliches einer Projektion geschuldet war, den Boden der Lebenswelt nicht verließ. Ich sah jedoch weniger die Fehler im Denkbaren, wie Aristoteles es aufgezeigt hatte. Was zugunsten der Lebenswelt entschied, war vielmehr die Erfahrung. Diesen Vorzug der Erfahrung hatte David Hume verteidigt, ihm folgte der Philosoph in seinem Artikel, und auch mir schien er einleuchtend. Die Logik selbst kennt keine Schwerkraft, der Körper erfährt sie, und das bewegt ihn, sie zu ergründen, die Gesetze der Schwerkraft, ihre Logik, wie jede. Ein klassischer Begründungszusammenhang? Nein, Teil stets widerstreitender Kontraste, Ergänzungen, Beidseitigkeiten, die immer nur miteinander erscheinen, nie als Eigenheiten, autonom. Ich dachte weniger an einen Begründungszusammenhang als an einen der Beweggründe, Bewegungen, die sich sprachlich, begrifflich vielleicht als zeitweilige Gründe bestimmen ließen, doch nie als Gebäude, auf Grund und Boden, Fundament, festem Stoff. Durchzog meine Annahmen nur die Physik dieser Lebenswelt, Heisenbergs Annahme eines ›Grundstoffes‹, Energie? Auch das nicht. Mir gefiel das Wort Beweggrund. Es war die Beidseitigkeit selbst, in all ihrer Vielschichtigkeit, möglichen Entfaltung. Eine Sprachfigur, sich schillernd drehend, in viele Richtungen. Immer ging es ›nur‹ um Worte, philosophisch. Aber es waren eben nicht ›nur‹ Worte, sie waren Worte einer ›Lebenswelt‹, Worte lebendiger Erfahrung. So konträr sie dazu stehen mochten – wie etwa *Diskurshoheit,* was für ein Wortungetüm, und doch aus Fleisch und Blut, folgt man Michel Foucault in seinen Darstellungen von philosophischer Wahrheitssuche und alltäglichem Machtstreben …

»Möchtest du noch etwas trinken?« Der Philosoph lächelte mich an. Oder das, was er schemenhaft von meinem Gesicht sah. Meine Gestalt, die er durchaus wahrnahm, im Sessel ihm zugewandt. Welcher Ansicht wir auch waren, die Freude an dieser Arbeit verband uns, den stillen Ort des Nachdenkens zu genießen, Erben metaphysischen Glücks, aller weiteren Sorgen enthoben, für einen Augenblick. Was scherte uns die ›Nichtung‹ in diesen Stunden; auch wenn sie an ihm zehrte, mir physisch vielleicht noch eine lange Frist gewähren mochte, was auch immer gleich um die Ecke im Straßenverkehr geschah, welche Krankheit einen womöglich ereilt … darauf kam es jetzt nicht an. ›Verdichtung‹ war viel eher das Stichwort, worum es ging. Verdichtung ins Leben.

Und so verstand der Philosoph diese Verdichtung als eine zum anderen hin, nicht als eine in den ›Relativismus, Subjektivismus, Individualismus, ja Egoismus‹. In der Unmöglichkeit, dem Tod zu entgehen, keine Zuflucht in einem Abseits des Lebens suchen, in einem Wissen um seiner selbst willen, einer Herstellung um ihrer selbst, einem Wachstum um seiner selbst willen – um seiner selbst willen, gibt es nur das Interesse am Leben, seine Verdichtung, in seiner Welt, seiner Zerbrechlichkeit, Hinfällig- wie auch Sinnfälligkeit, im Anblick des sinnlos Schönen, einen Bezaubernden, im Getroffensein der Erscheinung, Licht wie es sich im Raum verteilt, ihn erhellt, verschattet, verdunkelt, im Laufe eines Tages, der Nacht, im Leben. Bewegte, bewegende Gründe, von wo immer die Bewegung auch rührt. Man kann sie genießen. An einem Ort dafür. Es gibt keine Museen der Philosophie wie der Kunst, es gibt Häuser von Philosophen, die als solche bewahrt werden, von ihnen zeugen. Das Haus des Humanisten Erasmus etwa, in Anderlecht. Zu philosophieren bedarf es bestimmter Orte. Das Café mag dafür genauso dienen wie der Stadtpark, die Universität. Es braucht aber auch eine Bleibe, eine Wohnung, einen Ort der persönlichen Vermischung mit dem Gedachten, zu Denkenden. Der Philosoph als sesshafter Freigeist. In bibliophiler Verborgenheit, lesend, schreibend, so wie Rembrandt ihn darstellte; fern der frühen Anfänge, Zeiten mündlicher Überlieferung. Mit Platon wurde die Philosophie zur Schriftkunst, Literatur, wurden Orte der Philosophie gegründet, Schulen, Rückzugsorte. Zurückgezogen zu leben, platonisch. War es so? Wie sah es aus, bei Platon, unterm Dach – dem Sternenzelt unendlicher Ideen?

»Sollen wir den zweiten Text durchnehmen?« Ja, der Philosoph war noch nicht müde. »Komm, ich zeig dir etwas.« Und er stand von seinem Stuhl auf und ging zum Schreibtisch. Er nahm den Stapel Briefe in die Hand und gab mir den obersten. »Kannst du das lesen?« Der Brief war an den Philosophen adressiert, Absender: Martin Heidegger. »Mach ihn auf.« Ich zog ein dünnes Papier heraus, im Din A-5-Format. Darauf war in dünnen, geschwungenen, festen Linien geschrieben … – ich konnte es nicht entziffern. Nicht nur, dass ich die Handschrift kaum lesen konnte, die Buchstaben selbst waren in einer Schrift verfasst, die mich an Sütterlin erinnerte, an Aufzeichnungen meiner Oma. Doch es war kein Sütterlin, oder? Ich kam nicht weit und gab es auf. Der Philosoph ließ sich seine Enttäuschung nicht anmerken. »Das ist wohl das einzige Mal, dass Heidegger sich zu Merleau-Ponty äußerte.« In diesem Brief. Was aber stand darin? »Ich habe einen Freund in der Schweiz, der kann ihn mir übertragen. Lesen könnte ich ihn natürlich selbst, und ich weiß ja im Grunde auch, was darin steht, aber es muss schon korrekt wiedergegeben sein.« Die Abschrift des Briefs sollte seinem *Schlusswort über Heidegger* hinzugefügt werden. »Ich habe ihm damals mein Buch über Aristoteles zusammen mit meiner Übersetzung der *Phänomenologie der Wahrnehmung* von Merleau-Ponty geschickt. Und Heidegger hat sehr lobend geantwortet. Sogar mit einer Empfehlung für mich. Wahrscheinlich hätte sie mir zu einer Stelle in Deutschland verholfen.« Ob er das gewollt hätte, ließ er offen. Er hatte sich für das Husserl-Archiv entschieden, in Flandern Karriere gemacht. Ob das seinem eigenen Eifer genügt hatte? »Man kann hier sehr gut leben«, meinte er einmal zu mir. Die flämische Lebenswelt war seine eigene geworden, er hatte eine Flämin geheiratet, kam in der belgischen Sprachenvielfalt blendend zurecht, genoss die kulturelle Nähe zu Frankreich. Der eigene philosophische Anspruch lag – so schien es – jedoch weiterhin im Denken mit der deutschen Sprache, im deutschen Sprachraum begründet. Nie hatte er davon abgelassen, warum auch. Seine Arbeit galt jahrelang der Hinterlassenschaft eines deutschsprachigen Philosophen, der sich selbst immer in diesem Sprachraum bewegt und gesehen hatte. Geographische Unterschiede mochten irrelevant sein, doch hatten sich Erfahrungen, Geschichten, Streitigkeiten, Schlichtungen in den verschiedenen Regionen und Ländern gebündelt, in Sprech- und Denkweisen artikuliert, die zwischen allgemein übersetzbarer Verständlichkeit und einander fremder Eigenheiten Mentalitäten entstehen ließen, die miteinander verwandt und doch nicht identisch waren, vor dem Hintergrund einer jeweils eigenen und zugleich gemeinsam erlebten Vergangenheit und Gegenwart: lateinischer, christlicher Einflüsse, Handelswege entlang der europäischen Küsten und Flüsse, den Kontinent überschattender, adeliger Familienintrigen und vielem mehr. Dabei hatte sich in Frankreich ein Rationalismus gebildet, wie er in Deutschland vielfach abgelehnt wurde, gab es wiederum in Deutschland einen Idealismus, wie er in Großbritannien als naiv oder verdächtig galt. Es gab philosophische Traditionen verschiedener Sprachen und Geschichten. Und der Philosoph schrieb selbst mit Blick auf die deutschsprachige Tradition, inmitten seiner flämischen Lebenswelt, als Beitrag für die Philosophie allgemein – eben jener übersetzbaren Verständlichkeit, zu der auch seine eigenen Übersetzungen deutscher wie französischer Philosophen ausdrücklich beitrugen. Um sich in dieser Vielfalt zu bewegen, braucht es nur Sprachenkenntnis, gibt es Herkunft und Zukunft, und den Balanceakt, dem allen gerecht zu werden, gerecht werden zu wollen. Als jemand, der den Krieg zwischen diesen Ländern noch unmittelbar erlebt hat, sich in der Vielfalt dazwischen einzurichten, beruflich, privat. Vereinzelung, Individualismus, Abschottung, Egoismus, Desinteresse, Relativismus, Selbstbezogenheit, Subjektivismus, all das interessierte ihn nicht, dem galt auch nicht das Interesse am Leben, der Lebenswelt, wie er meinte. Dass im Fenster seines Hauses ein Plakat für die Flüchtlingshilfe warb, hing auch damit zusammen, wie mit sicherlich vielen anderen Dingen, das gemeinsame Engagement mit seiner Frau vielleicht, von ihr besonders angeregt, getragen. Ob sie bei der Stadt Gent arbeitete, einem bestimmten Verein? Wir gingen wieder zurück zu unseren Sesseln, um den zweiten, sehr viel kürzeren Artikel zu besprechen, denn mittlerweile wurde es offensichtlich, dass dem Philosophen nicht nur an der sprachlichen Verbesserung gelegen war, vielmehr auch am lebendigen Austausch über das Gesagte.

Der zweite Artikel war persönlich gehalten, eine Erinnerung. Im Anschluss an sie sollte der Abdruck von Heideggers Brief folgen. Der Philosoph fasste in wenigen Punkten zusammen, was ihn für Heideggers Denken eingenommen, was ihn davon wieder entfernt hatte. Als zwanzigjähriger Philosophiestudent hörte er zum ersten Mal seinen Namen, in Leipzig, in einer Vorlesung über Kant, und zwei Jahre später las er mit Begeisterung dessen Hauptwerk, *Sein und Zeit*. »Als junger Mensch, der seine Jugend im Hitler-Reich verbracht und einen Weltkrieg durchstanden hatte, als Siebzehnjähriger gerade erst heimgekehrt in ein von Trümmern und Leichen übersätes Land, schien mir keine Philosophie noch ernst zu nehmen, die nicht beständig die Brüchigkeit und Hinfälligkeit des Seienden als solches im Auge hatte; alles Seienden, und zumal allen menschlichen Gemächtes (von der Schuhsohle bis hin zur Metaphysik selbst).« In diesen wenigen Worten war seine ganze Begeisterung für den Freiburger Philosophen zusammengefasst – das Sein, das war die erste Antwort des Parmenides gewesen, was unser Kommen und Gehen bestimmt, alle Veränderung trägt. Doch dieses Sein war nicht zu ergründen, wie Aristoteles zeigte, noch immer auf der Suche nach einer Erkenntnis jenes Wesens und Wesentlichen. Heidegger nahm dieser Frage jede zugewandte Aussicht, indem er die vergebliche Suche als Eigenschaft eben jenes Seins deutete, der Abkehr, des Entzugs. Das Schwinden, Entschwinden bezeugt nur das Sein, und mündet im Nichts. Das galt für jedes Leben wie für die Philosophie.

Die Schicksalshaftigkeit dieser Überlegung war vollkommen, ausweglos, alternativlos. Als gäbe es kein Leben danach – nach der Vernichtung, dem Krieg, dem Elend. Auch der Philosoph war davon tief geprägt. Mit siebzehn war er eingezogen worden, 1944, und hatte in Leipzig bei der Luftabwehr gekämpft. Hoffnungslos, gegen die übermächtigen Bombardierungen der Alliierten. Er hatte überlebt. Seine ältere Schwester nicht. Wie so viele, zersplittert im Innersten, in zerstörten Familien, lebte er weiter. War das Überleben, Weiterleben, nicht ein Leben danach? Das Leben ging weiter, über Leichen. Wie seit jeher. War ihm diese Schattenseite allen Blühens und Strebens eingebrannt, von Kindheit an? Zwölf Jahre war er, als der Krieg ausbrach. Für den Krieg waren die Kinder seiner Generation in Verbänden gedrillt und erzogen worden. Welches Gleich- oder Gegengewicht hatte seine Familie bieten können? Die *Nichtung* alles Bestehenden war dessen einziger Nachweis – ein Gedanke von brennender Schärfe, ein gefährlicher Gedanke auch im möglichen Gutheißen dieser Vernichtung, im Rückzug auf den Beobachterposten im brennenden Rom.

Der Philosoph antwortete philosophisch auf diese Bedenken, indem er seinem Vorbild Denkfehler vorwarf. Nicht nur habe er Aristoteles nicht verstanden, auch seine Deutung der neuzeitlichen Subjektivität sei falsch. Und so schrieb er sein zweites Buch als Entgegnung auf Heidegger, ohne ihn auch nur zu nennen, allein der sperrige Titel verriet den Bezug. *Kritik der Grundlagen des Zeitalters* hieß es. Der Bezug war nicht leicht zu finden. Vierzehn Jahre nach der entscheidenden Veröffentlichung Heideggers erschien es, eine Veröffentlichung in dem Band *Holzwege, Das Zeitalter des Weltbildes* genannt. Das störte den Philosophen nicht, er war kein gewiefter Kommunikationsstratege und Werbetrommler. Philosophisch Interessierte würden den Zusammenhang schon finden. Denn der Philosoph zeichnete darin eine Geschichte der Subjektivität nach, wie sie Heidegger nie unternommen hatte, zum Schaden seiner eigenen Behauptungen, die sich damit als Irrwege zeigten. *Sein und Zeit* blieb für den Philosophen prägend, dann ging er selbst andere Wege. Doch kreuzten sie sich mit denen Heideggers nach wie vor. In Leipzig lehrte auch Hans-Georg Gadamer, der wiederum mit Heidegger vertraut war, und so erreichte den jungen Philosophen das seltene Angebot, ob er nicht persönlicher Assistent des Meisterdenkers werden wolle. Er wollte nicht, schreckte vor dem bedrückenden Ungleichgewicht zurück, das zwischen der lebenden Legende und ihm als jungem Suchenden geherrscht hätte. Aber verliefen so nicht die Bahnen vertraulicher Karrieren im Philosophiebetrieb? War Heidegger nicht selbst Husserls Assistent gewesen (und hatte ihn unrühmlich beerbt, als er 1933 unter den Nazis Rektor der Universität Freiburg und sein eigener Lehrer als Jude ausgeschlossen wurde)? *Ruchlosigkeit* war das Wort, mit dem sich der Philosoph gegen eine Bejahung des Vernichtenden gewehrt hatte, in seiner späten Schrift zur Ökonomie. Wieder ohne persönlichen Angriff, als allein philosophische Überlegung: »Aber wäre oder ist es nicht *Ruchlosigkeit* – und ich meine damit nicht einmal Bösartigkeit, sondern nur Gefühllosigkeit (unsinnige Apathie) –, sich mit dieser Übergewalt des Seins als des Nichts zu verschwören zugunsten einigen eigenen zeitweiligen Vorteils – zum Schaden der materiellen Lebensbedingungen der anderen und zum Verderb der Lebenswelt überhaupt?« Soviel dazu.

Er nahm stattdessen ein anderes Angebot an, und zwar Mitarbeiter im Nachlassarchiv von Husserl zu werden, in Leuven. Nicht nur philosophisch, auch beruflich sollte er jedoch weiterhin Umgang mit Heidegger haben: »Ich habe ihn zwei- oder dreimal in seinem Haus in Zähringen bei Freiburg besucht. Das waren keine Pilgerfahrten, sondern sachlich begründete Kontaktaufnahmen. Einerseits sollte ich für das Archiv Husserls *Vorlesungen zur Phänomenologie des inneren Zeitbewusstseins* neu herausgeben, die zuerst Heidegger im Auftrag Husserls herausgegeben hatte (1928). Andererseits hatten Alphonse De Waelhens und ich begonnen, *Sein und Zeit* ins Französische zu übersetzen. Er empfing mich sehr freundlich zu stundenlangen Gesprächen in seinem Arbeitszimmerchen bei eine Flasche Cinzano. Von obiger Kritik wagte ich noch nicht zu sprechen« – seinen Entgegnungen zu Aristoteles und der Entwicklung des neuzeitlichen Subjekt-Gedankens. Dass er seine Scheu eingestand, dem einst bewunderten Vorbild im vertrauten Gespräch seine Kritik zu eröffnen, beruhigte mich, zeigte mir, wie menschlich jeder auch philosophisch Suchende in seinen Schuhen steckt, mit denen der eigene Schritt mal besser, mal schlechter gelingt, man mit dem anderen Schritt zu halten versucht, sich nichts anzumaßen versucht, und doch Farbe bekennen muss, Erwiderungen zu äußern, Zweifel zu teilen, auf dass ein gemeinsames Suchen entsteht, ein Geben und Nehmen. Ich hatte diesen Schritt mit dem Philosophen noch lange nicht gefunden, so sehr er mich auch darin bestärkte, sich mir anvertraute, persönlich zuredete. Erschien ich ihm nicht immer noch ›zögerlich‹, wie damals in der Gesprächsrunde?

1966 endlich fand er den Mut, seine erste Kritik mit Heidegger zu teilen, ergänzt um eine Gabe zur französischen Sicht auf Husserls und des Freiburgers Denken, die Übersetzung der *Phénoménologie de la Perception* von Merleau-Ponty. Die Antwort hatte ich in Händen gehalten, entziffern konnte ich sie nicht. Was mochte darin gestanden haben? Ich würde mich gedulden müssen, bis der Freund in der Schweiz den Brief übertragen hätte. Als der Philosoph den Stapel mit den Briefen in die Hand genommen hatte, den obersten mir gab, sah ich auch den Absender eines weiteren Briefs: Emmanuel Levinas. Ein kleiner Ausschnitt der Philosophie im zwanzigsten Jahrhundert lag hier handschriftlich auf dem Schreibtisch des Philosophen. Längst hatte er sich selbst in diese Geschichte eingeschrieben, werden seine Briefe andernorts bewahrt sein.

Es war gut für heute, wir hatten alles besprochen. Und doch hatte unser Gespräch erst begonnen. Ich hatte ein Buch für ihn mitgenommen, zum Dank für sein Vertrauen. Wer würde ihm aber daraus vorlesen können? Seine Frau, der Assistent? Er diktierte nicht nur seine Aufsätze frei aus dem Kopf, er zitierte auch Descartes und Spinoza flüssig auf Latein. Seine Bibliothek war ein Schatten jahrelanger Verinnerlichung geworden, die noch immer dort stand, doch nur als Hülle, Reservoir dessen, was sich ihm eingeprägt hatte, wie das Siegel in Wachs von dem Aristoteles schrieb. Ich gab ihm das Büchlein trotzdem, und wenn es nur die Gabe als solche war. »Wovon handelt es denn?«, wollte er wissen. »Von einem Bild, auf dem ein Mädchen mit einem toten Vogel zu sehen ist. Sie hat den Spatz in der Hand, sein Köpfchen hängt nach unten, und sie schaut ernst am Betrachter vorbei, in die Ferne.« Er kannte das Gemälde, es hing im Brüsseler Museum der schönen Künste, wo auch *Der Sturz des Ikarus* gezeigt wurde, nach Bruegel. »Weißt du, woran mich das erinnert?« Nein. Und er spitzte die Lippen und pfiff leise eine melancholische Melodie. »Kennst du das?« Nein, ich hatte sie nicht erkannt. »Der Tod und das Mädchen! Von Schubert.« Und er schmunzelte, über meine Unwissenheit vielleicht, eine Erinnerung an das Lied, die Freude am Pfeifen. Noch oft sollte ich ihn pfeifen hören, das war seine ganze Musik. Auch sie erfüllte sein Gedächtnis, begleitete ihn die Treppenstufen hinauf und hinab.

Im Flur begegneten wir seiner Frau und einem Freund. Mit Hemd, Jackett und feinen, tiefschimmernden, langen Haaren stand er da, ein schöner, junger Mann. Er war aus Syrien ge-

Erkenntnis reiche über die Übereinstimmung von Erscheinung und Hinwendung, Intention hinaus. Das habe bereits Immanuel Kant unmissverständlich deutlich gemacht, wie er ausführlich festhielt und meinte, »der Traum verging durch Kants *Kritik der reinen Vernunft*, deren wichtigster Satz war, den Kant selbst als den ›obersten Grundsatz aller synthetischen Urteile‹ bezeichnete: ›Die Bedingungen der Möglichkeit der Erfahrung überhaupt sind zugleich die Bedingungen der Möglichkeit der Gegenstände der Erfahrung‹. Auf den ersten Blick könnte dies als ein analytisches Urteil der reinen Vernunft erscheinen. Aber im Lichte der Kantischen Kritik besagt er: Nur solche Naturerscheinungen können Gegenstand wissenschaftlicher Erkenntnis sein oder werden, welche dem Interesse der Vernunft an der Erkenntnis und unverbrüchlicher Gesetze Genüge tun.« Und weiter: »Unter ›Erfahrung‹ versteht Kant ›was Vernunft sucht und bedarf‹, nämlich eben Gesetzmäßigkeiten. Zum Beispiel ist das Kausalgesetz nur dadurch a priori zu begründen, dass Erscheinungen, die ihm nicht gehorchen, wissenschaftlich nicht erkennbar sind (etwa Zufälliges oder Willensfreiheit). Dem Interesse der theoretischen Vernunft begegnen mithin Naturgesetze in der Tat unwiderstehlich und gänzlich von ihnen selbst her, jedoch vom Interesse der theoretischen Vernunft her; und also auch nicht unwiderstehlich, da sich unser Interesse auch anderen Fragen zuwenden kann.« Die Erkenntnis folgt einem Interesse, und dieses Interesse bewegt sich auf die Übereinstimmung von Gewahrwerdung und Intention hin. Und was für die Erkenntnis gilt, gilt nach Husserl auch für unser Leben und wie wir es einrichten, unsere Lebenswelt inmitten der Natur, dem All. Es gibt keine sinnvolle Suche über diese Lebenswelt hinaus, über das Interesse der eigenen Erkenntnis. Aber, so bemerkt der Philosoph, »wenn unser Leben in dieser Welt auf ein Interessenleben reduziert werden kann, wirft man sich damit nicht einem schrankenlosen Relativismus, Subjektivismus, Individualismus, ja Egoismus in die Arme? Wenn dies die einzig wirkliche Welt sein sollte, dürften wir diese Lebenswelt ›einfach hinnehmen‹; und hätten wir nicht alle Interesse an der darüber erhabenen, wahren Welt der Wissenschaft?« Kehrseiten kommen immer flohen und half dem Philosophen und seiner Frau bei praktischen Erledigungen, Einkäufen, Fahrten. Der Philosoph hatte Lust uns bekannt zu machen und lud ihn und mich auf eine Zigarette in den Garten ein. Er und sein Freund saßen auf der alten Holzbank, ich auf einem Gartenstuhl. Es war erstaunlich mild geblieben, als hätte die Sonne ihre letzten Sommerstrahlen in den Herbst verströmt, alles licht durchtränkt, mit herbstlicher Wärme, leuchtenden Blättern, die letzten Augenblicke, bevor sie verschwand. Ich rauchte mit dem Philosophen eine seiner langstieligen Zigaretten, sein junger Freund verzichtete lieber, saß ruhig dabei und erzählte, wie die ganze Familie über Europa verstreut sei, seine Eltern in Schweden, er in Belgien, die Geschwister in Deutschland. Man konnte von Gent aus mit dem Frachtschiff sehr günstig bis nach Skandinavien fahren, legal, in eigener Kajüte. Nur schaukeln würde es mächtig, gerade über Dänemark, am Skagerrak, wo die Nord- und Ostsee einander umarmten, durchbrausten, erstürmten. Das wusste ich von einer Bekannten aus der Stadt, die die Reise wohl und auch übel durchgestanden hatte. Er wollte seine Eltern besuchen. Wie und wann, das hing alles von den Behörden ab, in Schweden wie in Belgien. Ob er nicht doch eine Zigarette wollte?

Nein, er mochte auch nicht länger bleiben, die Geschäfte würden gleich schließen. Ein junger Intellektueller, der bereits fließend Niederländisch sprach. Seine Eltern seien sehr konservativ, meinte der Philosoph, nachdem er fortgegangen war. Hier lebe er richtig auf. Er betrachtete seinen Freund mit Sorge. Das Gewicht der eigenen Familie in Zeiten der Not und Krise, die Bedeutung des eigenen Lebens dabei – wie würde sich beides entwickeln, zueinander, mit- oder auch gegeneinander? »Was mich erstaunt« – und er machte eine Pause, zog an der Zigarette, hielt sie gelassen zwischen den schmächtigen Fingern –, »ist, dass man so wenig erfährt, ob auch über die eigene Mitschuld am Regime nachgedacht wird.« Er musste an sein Aufwachsen in Nazideutschland denken, die Zeit danach – wie man auch in dieses Erbe verstrickt war, dazu gestanden hatte, es war immer ein eigenes, ein deutsches Erbe gewesen. Sicher die Nazi-Geschichte. Das war keine Verschwörung anderer Mächte gegen einen. Das hatte man selbst getan, zu verantworten – vor sich selbst, den anderen. Die Klammer der Nation – gab es sie aber für die Syrer, auf die Art? Wenn die eigene Nation nicht selbst erstrebt wurde, über Jahrhunderte, sondern ein Erbe nationalistischer Kolonialmächte war? Für welches Erbe fühlte man sich verantwortlich? So wie sein Freund mir erschien, war das Erbe, für das er mit Leib und Seele eintrat, vor allem eines: das der Kultur.

IX.

Ich wollte unser weiteres Gespräch nicht von dem Büchlein abhängig machen, das ich ihm gegeben hatte. Jahrelang hatte ich für den Rundfunk Gespräche mit Künstlern, Schriftstellern und auch Philosophen aufgezeichnet, anlässlich ihrer Vorhaben und Veröffentlichungen. Ein Mikrophon und Aufnahmegerät hatte ich zuhause, leicht konnte ich eine gute Aufnahme selbst aufzeichnen. Ich fragte ihn, ob er es sich vorstellen könne, dass wir darüber sprechen, wie sein Leben sein Denken beeinflusst hat, und dass ich das Gespräch mitschneiden würde. Er war gern dazu bereit, an Interviews gewöhnt. Ein zielgerichtetes Interview, knapp bemessen, journalistisch gehalten, sollte es aber nicht werden. Ich wollte vielmehr unser offenes Gespräch fortführen, einen Anlass dafür finden. Das bedeutete allerdings auch, dass ich selbst sein Werk genau studieren müsste, um der Seite des Denkens im Leben gerecht zu werden, tatsächlich Fragen zur Sache zu stellen und nicht im Dunkeln, in der Hoffnung vielleicht, mein Gesprächspartner sei so freundlich und finde schon den Lichtschalter im eigenen Haus. Er würde mich sicher nicht im Dunkeln stehen lassen. Doch um wirklich ins Gespräch zu kommen, brauchte auch er einen Partner. Vielleicht war das Mikrophon in der Hand für mich eine Stütze bei dem Versuch, dies sein zu wollen.

Wieder verabredeten wir uns an einem Mittwochnachmittag nach meinem Unterricht. Es war November geworden, und die Straßen glänzten vom letzten Regen, das Herbstlaub lag matt und plattgefahren da, vom Regen in den Rinnstein gespült. Die Aussichtsterrasse auf der Brücke war verlassen, unter dem grauen Himmel trieben dichte Wolken über die Stadt, den fernen Turm der Elektrizitätszentrale. Pünktlich klingelte ich an der Tür, und wieder hörte ich die langsamen Schritte, vollzog sich das gleiche Ritual. Der Philosoph begrüßte mich herzlich, umarmte mich und gab mir, wie die Belgier es tun, ein Küsschen auf die Wange. Seine Frau war heute nicht da, sie kümmerte sich um ihre kranke Mutter.

Wir gingen hinauf in sein Arbeitszimmer. Es dauerte nicht lang, bis ich mein Gerät eingerichtet hatte, das Mikrophon empfangsbereit war. »Moment, noch eben das Hörgerät einschalten!« So waren wir beide verkabelt, er mit hautfarbener Hörhilfe, ich mit Kopfhörer und Aufnahmeapparatur. Und nachdem ich meine Frage für dieses Gespräch noch einmal gestellt hatte, wurde es eine Weile still im Kopfhörer, nur sein schwerer Atem blies sachte ins Mikrophon. Dann fing er an zu erzählen, ruhig, überlegt, die Worte wie kleine Gegenstände abwägend und -wiegend, in der Hand, was man wohl mit ihnen beginnen könne, wohin einen diese Stücke der Erinnerung begleiten würden … »Es ist schon die Lebenserfahrung, die mich zur Philosophie gebracht hat«, setzte er an. »Und zwar, meine Jugend, die ich von der Kinderzeit an im Nazireich verbracht habe, sechs Jahre lang, und dann sechs Jahre im Zweiten Weltkrieg. Wo ich dann auch noch selbst Soldat oder quasi Soldat gewesen bin, fast zwei Jahre lang. Und meine philosophische Frage kommt daher, dass ich mit meinem Vater, der Professor für pharmazeutische Chemie war, endlose Diskussionen führte. *Ihr,* sagte ich zu meinem Vater« – und seine Stimme erhob sich, fordernd, wie der Jugendliche von einst –, »seid beschäftigt mit der menschlichsten aller menschlichen Wissenschaften: der Erforschung von Heilmitteln für kranke Menschen. Dies beschäftigt euch, eine Tablette gegen den Schnupfen. Während wir in einer Zeit leben, in der die Völker Europas und Amerikas nichts anderes tun, als so viel wie möglich Leute von der anderen Seite zu töten, zu verkrüppeln, verhungern, vergehen zu lassen und ihre Wohnungen und Städte zu zerstören – und selbst dabei unterzugehen. Wie verhält sich das zueinander? Euer wissenschaftlicher Fortschritt – und der ›Fortschritt‹, den wir wirklich erleben, der Fortschritt einer Vernichtung der europäischen Kultur? Das waren unsere endlosen Diskussionen.« Wie musste ich sie mir vorstellen, damals, 1944, in einem Wohnzimmer in Leipzig, einer bürgerlichen Villa vielleicht? Schließlich war der Vater Professor an der Universität gewesen. Für Pharmazeutik, unter den Nazis … »Mein Vater erwiderte natürlich immer: Du hast recht. Aber es gibt keinen anderen Ausweg, als den Weg der Wissenschaft weiter zu beschreiten; und dass wir da auch Einsichten finden, um die Wiederholung solcher Zustände zu vermeiden. Mein philosophischer Anfang – *einer* der Anfänge – war, mich zu fragen: Woran liegt es, dass es zu diesen Weltkriegen gekommen ist, die scheinbar das Ende unserer europäischen Kultur bedeuten? Anfänglich dachte ich, ich müsste das historisch untersuchen und habe es verhältnismäßig weit getrieben. Und zwar interessierte mich vor allem das Beispiel des sechzehnten Jahrhunderts in den Niederlanden, sozusagen eine Art Vorspiel unseres Weltkrieges, mit besonderem Interesse für Karl V. Ich habe also seit meiner Jugendzeit bereits ein Verhältnis zu der Stadt, in der ich jetzt wohne …! Aber ich habe bald eingesehen, aus der Geschichte werde ich darüber nichts lernen. Es muss einen anderen Weg geben. Und da dachte ich – die Philosophie! Ich studierte nicht Philosophie, weil mich Philosophie interessierte, sondern mich interessierte die Philosophie, weil ich hoffte, von ihr etwas über unsere Lebenswelt zu begreifen. So war der Dreh. Ich habe immer einen Ekel gehabt an Philosophie für Philosophen. Wenn man sich mit Philosophen beschäftigen will, mit Philosophie, dann muss man sich damit beschäftigen, womit die Philosophen beschäftigt sind!« Er machte eine Pause – der jugendliche Eifer war längst einem schwachen Herz gewichen. »Es gibt allerdings noch einen anderen Grund, eine andere Wurzel meiner philosophischen Betroffenheit. Das hängt mit der Geschichte zusammen – und mit meiner Abkehr von der Geschichtswissenschaft, von diesem Studium. In meiner Schule, einer sehr protestantisch-preußischen in Berlin, die sich ganz gut gegen die Nazis abgeschirmt hatte – das nur am Rande –, bekamen wir über den Siebenjährigen Krieg Unterricht, insbesonders Friedrich des Großen; eine ausführliche Lehrstunde über die Schlacht von Hohenfriedberg. Aber schon aus meinem historischen Interesse hatte ich mir ein Reclam-Büchlein gekauft, von einem gewissen Herrn *Archenholz* – den Namen habe ich noch immer im Kopf –, der an dem Siebenjährigen Krieg teilgenommen hat, und auch an der Schlacht von Hohenfriedberg! Und siehe da, der beschrieb das ganz anders, als wie ich das im Unterricht gehört hatte. Ich ging damit, mit meiner Beschwerde zu meinem Lehrer in Geschichte, und der sagte: Ja, ja, da gibt's natürlich verschiedene Darstellungen. Ich werde dir was geben, wo du es authentisch hast. Und er lieh mir aus der Lehrerbibliothek, aus den Gesammelten Werken Friedrichs des Großen, aus dessen eigener Autobiographie jenen Band, in dem er selbst die Schlacht beschrieb. Und siehe da, es war wieder eine andere Darstellung! Aber die Pointe war für mich diese: Mein Lehrer, der Herr Archenholz und der König Friedrich erzählten ganz andere Geschichten *ohne einander zu widersprechen*. Sie waren eben mit jeweils anderem beschäftigt – für die einen war dieser Zeitpunkt der entscheidende, für die anderen war jener der entscheidende, und dabei sind sie stehen geblieben; Dinge, welche die einen als beiläufig und unbedeutend wegließen oder nur mit zwei Worten erwähnten, die wurden von den andern ausführlich betont und auseinandergesetzt. Das war meine Entdeckung dessen, was ich später mein topisches Problem genannt habe: Dass die eigentlichen Gegensätze gar nicht die von Ja und Nein sind, sondern die von *Ja, aber* … Hätten der Herr Archenholz und mein Lehrer zusammengesessen, die hätten einander nicht widersprochen. Sie hätten gesagt: Ja, aber … was du vergisst, ist dies … *ja, natürlich, gewiss, das ist der Fall gewesen, aber* hätte der andere geantwortet … *So* Geschichte zu lesen, Lebensgeschichten, Erkenntnisgeschichten zu lesen, das schien mir bezeichnend für die Philosophie, im Unterschied zur gebräuchlichen Geschichtsschreibung. Das war mein zweiter Ansatzpunkt. Und dem bin ich dann mein Leben lang nachgelaufen, mit mehr oder weniger Erfolg.«

Zu ihm gebeugt, hielt ich das Mikro, wagte mich kaum zu bewegen. Wie Komplizen saßen wir in der Ecke, an dem kleinen Tisch, auch er zu mir gewandt. Haltungen, vertraut zu sprechen, genau zu hören. Wenn ich an ein Gemälde von Fernand Khnopff denke, auf dem eine Frau im Sessel zu sehen ist, wie sie das Gesicht in der Hand birgt, um nur noch zu lauschen (den Klängen, die offensichtlich von jemandem auf dem Klavier hinter ihr gespielt werden), dann hätten auch wir in diesem Augenblick ein

Bild des Lauschens abgeben können, mit Hörgerät und Kopfhörer, in unserer Ecke zueinander gekehrt. Zu sehen, wie das Sehen nichts weiter beizutragen scheint – der Philosoph, nahezu blind, blickt in die Richtung seines Gesprächspartners, doch ohne ihn anzuschauen; der Fragensteller weicht diesem Kaum-angeblickt-werden aus, schaut wahllos in die Ferne, nicht im Sehen beteiligt, nur im Hören, hält er den Kopf konzentriert, fast angestrengt, dem anderen Raum zu geben, ihn in keinster Weise zu stören, zu verwirren, zu unterbrechen. Haltungen auch des Erinnerns, des inneren Sehens, des blinden Vertrauens, Verständigens. Lauschen wir weiter, in das Gespräch –

»Heidegger behauptete, dass die Metaphysik die Frage nach dem Sein vergessen hätte, und verdrängt durch die Frage nach dem Sein des Seienden. Und ich fragte mich, ja, wenn Aristoteles hier wäre, würde er dann sagen: *Verdammt nochmal, Herr Heidegger, Sie haben recht! Die Seinsfrage – völlich verjessen!*« Und er hielt die Spannung wie im Theater vor dem entscheidenden Satz –. »Aber nein. Aristoteles hätte schon seine Antwort geben können – *war nich so doof!* – und hätte gesagt: Was Ihr mit einer Seinsfrage sucht, das ist bloß ein *eschaton hypokeimenon*, ein letztes Zugrundeliegendes, aber von dem her werdet Ihr nie irgendetwas begreifen oder verstehen, daran habt Ihr nichts. Das gibt es schon, und das ist auch grundlegend, aber das Wesentliche ist es nicht, und das Wesentliche erkennen wir daher nicht. Das war die Replik. Und die wollte ich Heidegger unter die Nase reiben, nicht? Aber da ist natürlich nichts draus geworden …«

Warum war daraus nichts geworden? Was stand in dem Brief von Heidegger? Der Stapel Briefe lag wie zuvor auf dem Schreibtisch, säuberlich aufeinander, als müsste er nur noch zu einem Buch gebunden werden. Hatte sein Freund aus der Schweiz schon geantwortet, den Brief übertragen? Neben dem Stapel lag das Büchlein, das ich ihm geschenkt hatte.

»Dann gab es eine Wendung bei mir. Zunächst schien ich also ganz Aristoteliker zu sein und wurde als solcher wohl auch in Leuven an der Katholischen Universität gutgeheißen, wo ich promovieren wollte. Daraufhin bin ich der Frage einer Metaphysik der Subjektivität nachgegangen, auf die sich Heidegger berief, und war ich eine Zeit lang damit zugange, eine Doktorarbeit über die Begriffsgeschichte des Subjekts zu schreiben, die metaphysische Bedeutung dieses Begriffs. Daraus ist schließlich mein Aristoteles-Buch entstanden – das erste Kapitel dieses geplanten Buches war für sich schon das Buch. Es gibt für die weiteren Kapitel Fragmente, die liegen hier im Archiv. Ziemlich weit ausgearbeitet ist etwa das Kapitel über Thomas von Aquino. Ich wollte es natürlich bis Husserl treiben. Doch im Laufe dieser Untersuchung drängte sich mir immer mehr die Frage nach der Bedeutung der Subjektivität in der neuzeitlichen Philosophie auf, so wie Heidegger sie bereits unterstrichen hatte. Und bei der Gelegenheit bin ich dann von neuem auf Aristoteles gestoßen, weil der Subjektbegriff schließlich zurückgeht auf seinen Begriff des Zugrundeliegenden, *hypokeimenon*. Ich habe versucht, von diesem Begriff her die neuzeitliche Philosophie neu zu verstehen – und habe das dann wiederum *gegen* Aristoteles ausgespielt; was meine Leser verwirrte, die sagten, erst war er Aristoteliker, und jetzt scheint Aristoteles an allem schuld zu sein! Aber so geht das in der Philosophie ... Das sind nur Ideologen, die meinen: Nietzsche hat das und das gesagt, und das ist doch eklig – der ganze Nietzsche ist Quatsch. Oder: Descartes hat das und das gesagt, das ist doch inakzeptabel – mit Descartes wollen wir nichts zu tun haben. Jetzt wird wieder diskutiert, dass Heidegger Nazi war – ja, alles faschistische Philosophie, in den Papierkorb damit!« Und als führe er das Gespräch mit seinem Vater, dem Pharmazeuten, fort, meinte er: »Und wie dann mit Lavoisier? Der Begründer der modernen Chemie – drei Viertel der Klamotten, die hier herumstehen, gehen alle auf Lavoisier zurück, auf die Synthese-Chemie. Zwei Jahre nach dem Erscheinen seines Buches *Traité élémentaire de chimie* wurde er enthauptet. Er war ein Schwindler und Hochstapler, er hatte ein Steuereinnahmeprivileg vom französischen König und hat damit die Bauern betrogen und ausgepresst, kriegte einen Prozess nach der Revolution und wurde zum Tode verurteilt und hingerichtet. Aha! Also die ganze moderne Chemie ist ja Hochstapelei, alles in den Papierkorb damit, ins Feuer!« Und wieder zu mir gewandt, meinte er: »So geht's nicht, so geht es nicht in der Geschichte. Man muss eben lernen, doch ein bisschen jenseits von Gut und Böse zu denken.«

Was würde jener ausgesprochen frankophil-frankophone belgische Philosoph dazu sagen, der mir einmal im Restaurant anlässlich der Feier nach einem Symposium anvertraute, dass er Heideggers Texte grundsätzlich nicht in seine Überlegungen einbeziehen mochte? War er ein Ideologe, wie der Philosoph unterstellte? Sein Kollege sah keinerlei Grund, auf den ›Schwarzwälder‹ zurück zu kommen, die Metaphysik, das Sein, die Antike, was sollte ihm das nach Kants Aufklärung noch bedeuten, nach der Sprachphilosophie, der philosophischen Wende moderner Kunst seit Marcel Duchamp? Bereits der Sprachgebrauch Heideggers war ihm fremd, fremd in tiefster Abneigung. Er trug lieber eine Baseballmütze, wie es seine Freunde in New York taten, wo er lehrte, und verstand nicht, was die alten französischen Kollegen wie Jean-François Lyotard oder Jacques Derrida an dem Hinterwäldler fanden, geschweige denn, was sie dort überhaupt suchten. Was hätte der Philosoph ihm entgegnet? Musste man auf Heidegger zurückkommen? Hatte er dem Denken etwas erschlossen, was ohne ihn nicht einmal anders zu erkennen wäre? Es war der Entzug des Seins, würde der Philosoph antworten. Und? War dies nicht ein anderes Wort für Vergänglichkeit? Und bräuchte irgendwer darin eine Nachhilfestunde von jenem deutschen Wanderer? Der belgische Kollege erinnerte mich an Vladimir Jankélévitch, der sich gleichsam der deutschen Feier von Wiener Klassik bis Wagnerkult verweigerte, in seinen Betrachtungen zur Musik; oder an Albert Camus, der in seinem *Brief an einen deutschen Freund* eine ähnliche Unversöhnlichkeit durchklingen ließ (wobei man gehofft haben mochte, sein Brief helfe dabei sie zu überwinden). Die Gemengelage nationaler Befremdungen, verwandter Mentalitäten und allgemeiner Verständlichkeit schimmerte auf, die gemeinsame Geschichte tiefster Verletzungen, das Leid des Weltkriegs, der Judenverfolgung. Was mochte jemanden dazu bewegen, vom andern nichts, aber auch gar nichts mehr zu erwarten? Sich völlig abzuwenden, sein Leben woandershin ein- und auszurichten? Und wer konnte es einem verübeln? Ich widersprach dem belgischen Philosophen nicht.

Sollte ich meinem Gesprächspartner jetzt widersprechen? Ich verstand durchaus seinen Standpunkt. So hatte ich in meinen Überlegungen einmal eine Zwischenform von bloßem Erleiden und eigenem Ausüben gesucht, die Heidegger bereits treffend im ›Umgang‹ gesehen und philosophisch erörtert hatte. Die Redlichkeit gebot, auf Heidegger zu verweisen, auch deutete ich diesen ›Umgang‹ auf ganz andere Art. Das Werk war nicht auf die Verfehlungen seines Autors zu verengen. So wie Aristoteles es schon gelehrt hatte: Jedes Handeln geschah im Verhältnis von besser oder schlechter, Menschen konnten ihre Sachen besser oder schlechter machen, passendere Worte finden, sogar die vielleicht einzig richtigen in einer bestimmten Situation. Der Philosoph hatte das Werk Heideggers ein Leben lang verfolgt, weil *Sein und Zeit* für ihn zum Besten gehörte, was die zeitgenössische Philosophie zu bieten hatte, zum Besten im nachhinein auch, wozu Heidegger selbst offenkundig im Stande gewesen war. Jedes Tun bleibt abhängig von dem jeweiligen Augenblick, den Umständen, dem Glück, der eigenen Verfassung – so vieler unwägbarer Dinge, dass man unmöglich verlangen kann, jemand sei fortwährend auf der Höhe seiner besten Leistungen. Man wird an ihnen gemessen, man misst sich vielleicht auch selbst daran. In der Moral aber geht es weniger um die ›Sache‹ – oder gar einen selbst. Es geht um die, um den Anderen.

Sich anderen gegenüber *ruchlos* zu verhalten, mochte das Werk nicht schmälern – von Lavoisier an erster Stelle. Konnte man jedoch das Allgemeine in der Naturwissenschaft mit dem in der Philosophie vergleichen? Beide beruhten auf Beweisführung, die eine experimentell, die andere argumentativ. Während der Chemiker sich allerdings ausschließlich auf diesem Boden bewegte, und ein Philosoph argumentativ vorging, mit den Mitteln des Verstands, wollte jemand wie Heidegger sich jedoch nicht darauf beschränken, forderte vielmehr ein, das eigene Dasein immer mit ins Spiel der Versprachlichung zu bringen, wie es seit Platon die Philosophen in der Regel getan hatten. Von

Lavoisier konnte man absehen, wenn es um seine Erkenntnisse ging. Und von einem Philosophen? Es gab sie, die sich selbst so wenig wie möglich einzubringen versuchten, ganz auf die jeweilige Sache gerichtet, Aristoteles allen voran. Ein Ideologe, wie er dem Philosophen vorschwebte, war ein gefährlicher Träumer, der sich einbildete, es gäbe eine heilige Reinheit, zu der in Wirklichkeit kein Mensch fähig ist, und wäre eher bereit seine Wut an jedem anderen auszulassen, der seinem Ideal nicht genügt, als sich von seiner Illusion zu befreien. Diese Auffassung konnte ich gut verstehen. Die Frage schien eher: Was sollte den belgischen Kollegen aber dazu bewegen, die Metaphysik nicht zu verabschieden, ein Argument von Heidegger anzunehmen? Hatte der Philosoph sich nicht ebenfalls von ihr verabschiedet? Und nicht von Heidegger? Stimmte seine frühe Erfahrung zu sehr mit dessen Schilderungen in *Sein und Zeit* überein, wie sie die Erfahrungen des Kollegen davon zutiefst trennte? Die besten Argumente mussten nachvollzogen werden. Logisch mochte das gehen. Wahre Annahme fand jedoch nicht allein logisch statt. Sie für sich zu übernehmen bedurfte der Einsicht ihrer Bedeutsamkeiten für die Erfahrung. Die Welt zu verstehen war das eine, sich selbst das andere. Mit beiden Richtungen nur eröffnet sich Philosophie. Und wie sollte die Selbsterkenntnis von der der Mitmenschen zu trennen sein, das innere Gespräch von dem mit anderen? Sprechen hieß noch immer: sich einander anzuvertrauen. Wer jedes Vertrauen in den Anderen verloren hatte, mochte mit ihm streiten, doch auch das nicht nur um des Streites willen. Sich abzuwenden mochte nicht allein ›ideologische‹ Gründe haben – auch solche der Enttäuschung, Erschöpfung. Es lagen Lebenswelten zwischen dem belgischen Kollegen mit der Schirmmütze und jenem Seinsdenker im Breisgau.

Wir kamen darauf zurück, wie der Philosoph aus seiner eigenen Verlegenheit fand, zwischen Aristoteles und Heidegger …

»Das theoretische Ideal besteht einfach gesprochen darin: Wenn Ihr wirklich wissen wollt was ist, dann müsst Ihr Euch um das Wissen nur um des Wissens willen bemühen – und alle praktischen, technischen, politischen, ökonomischen, ethischen Interessen beiseitelassen, ausschalten. Das wahre Wissen ist interesselos. Und mir scheint, dieses Ideal wurde erneuert von Galilei, Bacon, Descartes, und war entscheidend für die Begründung und Ausbildung der modernen Wissenschaft. Immer nur das zu wissen bemüht, was die Dinge an sich sind, unabhängig davon, wie sie uns erscheinen. Ich meine demgegenüber, die Wirklichkeit ist sehr wohl die, wie die Dinge uns erscheinen. Wir kennen diesen traditionellen Gegensatz zwischen der objektiven Realität und dem Empfang, der Auffassung an subjektiver Seite. Das heißt dann modern: die phänomenale Welt. Und die Annahme der Phänomenologie ist die: Diese phänomenale Welt, das ist die wirkliche. Die Dinge, wie sie uns erscheinen, sind erst dadurch wirklich, dass sie uns erscheinen. Die Realität leugnet die Phänomenologie ja auf gar keine Weise. Aber sie sagt: Diese objektive Realität ist nur wirklich, indem sie erscheint! Die Wirklichkeit des kopernikanischen Systems ist, dass die Sonne im Osten auf- und im Westen untergeht. So kommt sie bei uns an, und nur daher können wir überhaupt ein kopernikanisches System entwerfen. Das ist kein Subjektivismus, denn die Sonne erwärmt einen Stein – die Sonne scheint die Ursache zu sein, so scheint die Wirklichkeit zu sein. Das aber wäre keine Wirklichkeit, wenn der Stein kein Stein wäre! Die Sonne lässt das Wachs schmelzen und bräunt unsere Haut und bringt unter Umständen Benzin zur Entzündung, doch jedes Mal kann sie das Wachs nur zum Schmelzen bringen, wenn es *Wachs* ist – der Stein, das Holz schmilzt nicht. Die objektive Realität ist also immer nur *für uns* wirklich. Was sie dann abgesehen davon sein mag – versuch das mal zu ermitteln! Wenn die Sonne nichts mehr erleuchtet, nichts mehr erwärmt oder zum Schmelzen bringt und die Planeten nicht mehr im Umlauf hält, weil das alles subjektiv wäre, nämlich mitbestimmt durch die entsprechenden Körper, was bleibt dann von der Sonne eigentlich übrig? Schwerlich auch nur ein unaufhörlicher Prozess der Kernfusion, denn der produziert ja allemal Wärme und Licht! Und die erscheinen wieder nur an den Dingen. Im Weltraum ist alles schwarz – da muss man was in den Weg stellen, dann erscheint das Licht. Du brauchst bloß den Vorhang dicht zu ziehen, und es ist Nacht –«

Metaphorisch gesprochen, und tatsächlich – für den fast Blinden … Der Garten lag verschattet im Grau des diesigen Novembernachmittags. Wir nahmen einen Schluck Kaffee, er rückte sein Hörgerät zurecht. »Ich habe leider eine Entzündung im Ohr, es tut ein bisschen weh. Aber das macht nichts.« *Machen wir ruhig weiter,* deutete er mit einer Handbewegung an.

Nie hörte ich eine Uhr im Haus schlagen. Der Entzug der Zeit, im schlichten Dasein.

»Wenn Du von der Welt der Erscheinungen sprichst – wobei man auch an die Lebenswelt nach Husserl denken mag –, dann musste ich auch an Dein Buch *Grundriß einer Poietik* denken, in dem Du Dich gerade hinsichtlich der Künste unserem Umgang mit den Erscheinungen widmest, etwa am Beispiel der Künste der Einbildung, wie Du sie nennst. Inwieweit gestalten die Künste diese Erfahrung der Erscheinung mit?«

»Ich glaube sehr weitgehend, wo sie denn zur Geltung kommen. Aber zunächst muss ich wiederum sagen: Man denkt, wir sind so objektivistisch, dass wir meinen, auch ein Kunstwerk etwa objektiv betrachten zu müssen – all unsere Voreingenommenheiten, Erfahrungen und Interessen zur Seite zu schieben. Was aber ist es dann eigentlich, *an sich?* Man glaubt, man sieht dann das Kunstwerk … Offensichtlich ist es doch nicht so, dass der ›interesselose Betrachter‹ das Werk wirklich sieht – der interessierte Betrachter sieht es! Es ist nicht der Kunsthistoriker, der prüft, mit welchen Farbzusammenstellungen ein Bild von van Eyck objektiv gemalt ist, vielmehr jemand, der noch nachfühlen kann, was da ins Bild gebracht werden sollte – ein Kapitel aus der Apokalypse. Also: Apokalypse lesen! Das hat Jan van Eyck versucht darzustellen. Die Erfahrung, sich im Kunstwerk zu vertiefen, ist ein sehr bedeutendes Hilfsmittel, überhaupt *Wahrnehmung* zu lernen. Denn ein Bild, was macht es mit dir? Setz dich zunächst mal auf einen bestimmten Gesichtspunkt, von woher du das siehst; *ich stehe hier in einem Gesichtspunkt zu dieser Szene,* und zwar zu einem bestimmten Zeitpunkt. Den Gesichtspunkt muss ich festhalten, auf den werde ich *festgenagelt,* als Bildbetrachter – und der Zeitpunkt verharrt, bleibt da bestehen. Es ist immer dasselbe Bild, *bleibt dabei stehen.* Und dieses bei den Dingen und bei den Menschen, wie die Flamen sagen – ich weiß nicht, ob es auch Deutsch ist –, bei dem, was sich der Wahrnehmung anbietet, *Stehenbleiben,* Verharren, und das dann auf dich einwirken zu lassen, nicht nur auf deine bloße Subjektivität, Unterworfenheit unter einen Einfluss, sondern in Entsprechung zu den Interessen, die du mitbringst, und womöglich zu lernen, deine Interessen zu korrigieren, dies –«

Er hielt kurz inne und zeigte auf den Schreibtisch.

»Ich habe zum Beispiel das Bild von dem Mädchen mit einem toten Vogel Besuchern vorgelegt und gefragt, was siehst Du da? Die meisten sehen den toten Vogel nicht. Man sieht ein schönes, junges Mädchen, wahrscheinlich ein Gemälde aus dem 17., 18. Jahrhundert, aber der tote Vogel wird übersehen. Wenn man jemanden aber zwingt, dabei doch *stehen zu bleiben* – guck mal, ist das wirklich alles, was Du siehst? *Das* ist es, wozu Kunst uns erziehen kann. Und die wichtigste Kunst ist für mich die Musik. Weil sie lehrt –«

Und er suchte nach den richtigen Worten, ließ sich, den Gedanken Zeit –

»Dass es nur Vergangenheit gibt. Wo habe ich es beschrieben? Ich glaube, am besten in einem kleinen Aufsatz, der heißt *La Phénoménologie de l'étroit,* den Levinas sehr gern hatte, ich weiß nicht, ob Du ihn kennst. Er ist auch auf Deutsch erschienen, später. Darin beziehe ich mich auf Husserls Analyse des Zeitbewusstseins. Eine ihrer Kernfragen lautet –«

Dööööt!, machte der Philosoph, einen langen, gedrängten Ton –

»Wann hörst Du diesen Ton?«

Der alte Lehrer lebte wieder auf, in Kostproben seiner Rhetorik …

»Wenn er verklungen ist. Solange er andauert, weißt Du noch nicht wie lange er dauert und ob er so bleiben wird –«

Und er setzte wieder an: *dööööööüiiiieett!*, sauste der Ton in die Höhe … und kam nach einer Unterbrechung zurück als: *üühöö* (oder war es überhaupt der gleiche Ton, seine Fortsetzung und kein Neuanfang?).

»Bei einer Melodie ist es natürlich noch viel deutlicher. Wann hast du eine Melodie gehört? Wenn ihr letzter Ton verklungen ist. Du kannst es auch umgekehrt sagen: Alles ist Gegenwart – auch die scheinbare Vergangenheit, nicht?«

Ich hatte zu lange geschwiegen, seinem Beispiel vielleicht nicht lebhaft genug gefolgt. Er suchte die Vergewisserung. Hegte ich Zweifel an seiner Darstellung? Ich fragte mich, wie sehr er den Begriffen und ihrer Logik mehr verpflichtet blieb als der Wahrnehmung, von der er doch gerade am Beispiel der Kunstwerke so eindringlich gesprochen hatte. Ja, nahm man den Ton als Ganzes, Eigenes, Absolutes, dem Urteil Zustehendes, dann musste er verklingen, wollte man ihn als solches fassen. Wollte ich denn nicht zufassen? Be-greifen? Ich musste an eine Geschichte von Paul Valéry denken, die Hans Blumenberg in einem seiner Aufsätze kurz umreißt: Wie Sokrates am Strand etwas findet, was angespült wurde, glattgespült, unkenntlich jeder Herkunft oder Bestimmung, und wie er diesen Gegenstand zu bestimmen versucht, daran scheitert und ihn achtlos zurück lässt. Er hatte den Gegenstand bestimmen wollen, anstatt sich von ihm bezaubern zu lassen. Er hatte Philosoph zu sein versucht, und war kein Dichter geworden. Lag mein Zögern nicht in dieser Frage an mich selbst?

Wir kamen auf seine Verlegenheit zwischen Aristoteles und Heidegger zurück, die ihn bis zu seinen letzten Aufsätzen beschäftigt hatte. Mit Aristoteles gegen ihn denken, mit Heidegger gegen ihn – Habermas hatte als Student seinen ersten prominenten Zeitungsartikel mit dieser Formel überschrieben, sich gleichfalls von seinem Vorbild Heidegger abgrenzend. Dass manche Namen wie rote Tücher wirken, hatte ich inzwischen gelernt, ob Habermas für den Philosophen, Heidegger für den belgischen Kollegen. *Die Roten Tücher der Philosophie* – eine ganz eigene Bande der in sich Zerstrittenen …

Das alles war vergangen, bedeutungslos geworden. Nichts galt es mehr zu verändern, keine Ansprüche zu stellen. Die Geschichte hatte jeden eigenen Entwurf längst eingeholt, überholt, zurückgelassen. Namen verblassen. Was war wesentlich? Für den Philosophen die Frage, die ihn seit seinen Streitgesprächen mit seinem Vater umgetrieben hatte, dem Anfang auch unseres Gesprächs: Wozu dient das Wissen, die Philosophie? Und seit seinen Zweifeln an Aristoteles und Heidegger hatte sich die Frage zugespitzt, auf die Neuzeit, fern der Antike. Er schwieg, überlegte. Dann holte er tief Atem.

»Die moderne Wissenschaft ist die Erfüllung des Traumes der theoretischen Philosophie.« So. Davon war auszugehen – und nun setzte er an, es in aller Ruhe auszuführen: »Man kann ja die Übergänge im 17. Jahrhundert ganz gut studieren. Nicht nur bei Galilei und Bacon, auch bei Spinoza zum Beispiel. Was Spinoza Gott nennt, ist immer *deus sive natura* – eine objektive Natur erklärt er zu unserem Gott. Die Geschichte der Philosophie und die der Wissenschaft unterscheiden zu wollen, wie manche das tun, ist völlig abwegig. Die Grundbetrachtungen der modernen Wissenschaft sind alle philosophisch. Lies mal Galilei! Das ist doch keine Experimentalphysik! Ich habe neben Philosophie Mathematik und Physik studiert, wir haben 120 Experimente gemacht – nichts davon bei Galilei! Galilei spekuliert, so wie ich nie spekuliert habe. Oder Einstein! Wenn ich noch eine Vorlesung zur Einführung in die Philosophie halten müsste, würde ich mich vielleicht auf ein Büchlein von Einstein gründen, über die spezielle und allgemeine Relativitätstheorie. Er hat das wunderbar dargelegt, wie seine Theorie entstanden ist, aus philosophischen Erwägungen. Da ist das alles wahr – und darum ist die heutige epigonale Philosophie dieser Wissenschaft gegenüber so wehrlos, sofern sie immer noch von einer objektiven Wahrheit träumt, die in der Wissenschaft längst bewahrheitet worden ist. Die fummeln da herum und versuchen das auf längst verschütteten Wegen wiederzufinden. Müßig, darüber nachzudenken.«

Neuer Realismus, schoss es mir durch den Kopf.

»Die Philosophie ist nur noch interessant, insofern sie *Bedenken anmeldet* – an dem Absolutheitsanspruch dieser objektiven Realität. Und das fängt spätestens mit Kant an, dies ist die ganz große Wendung; wie Kant nämlich gezeigt hat, dass auch objektive Realität ohne unser Interesse nicht wirklich wird. Wir können nicht behaupten, das alles was geschieht kausal vonstattengeht. Wir können lediglich sagen: Nur insofern etwas kausal bestimmt ist, ist es objektiver Erkenntnis zugänglich. Das ist im Grunde der ganze Kant. Er beantwortet nicht eine Frage nach dem Sachverhalt, sondern eine des Urteils – mit welchem Recht stellen wir das eigentlich fest? Die Begründung liegt nur in unserem Interesse!«

Kant lieferte ihm beide Stichworte, die der Aufklärer selbst gegeneinander stellte – das Interesse der Vernunft wie auch das ›interesselose‹ Wohlgefallen und Betrachten. Auch hier blieb er, wie bei Heidegger, dem ersten großen Werk eines Philosophen treu, der *Kritik der reinen Vernunft* nicht anders als *Sein und Zeit*. Der spätere Kant, einer ›interesselosen‹ Ästhetik, galt ihm offenkundig als Irrweg, nicht anders wie die weiteren Wege des Suchenden auf dem Seinsgrund.

Der Gedanke, dass Philosophie heute nurmehr Bedenken anmelden könne, setzte sich in mir fest, hallte nach, wollte durchdacht und weitergesponnen werden. War diese Einschränkung der Philosophie zugleich eine Befreiung? Im Sinne auch seines Plädoyers für ein ›topisches Fragen‹, ein Fragen im eigenen Interesse, dass auf ein Ziel des Fragens hinweist, einen Sinn, den es verspricht? Öffnete sich hier nun der Abschied von Metaphysik, die Verlegenheit von Aristoteles bis Heidegger?

»Positiv sich verantwortlich fühlen für seine Interessen.

Die Leute meinen, *ich interessiere mich nun mal für dies und für das, und das und das interessiert mich nicht.* Diese Willkür ist nicht erlaubt! Es gibt eine Verpflichtung – *was du auch meinen magst, objektiv ist das so und so, da kannst du nicht drum herum reden.* Und genauso gibt es auch Dinge, wofür man sich interessieren *muss.* Das ist die allgemeinste Anwendung einer phänomenologischen Philosophie. Und ja, die Interesse-Frage ist für mich eine topische Frage: Womit *muss* man sich befassen?«

Er nahm einen Schluck Wasser, ich sah auf das Aufnahmegerät. Wir hatten lange genug geredet. Ob ich nicht doch ein Stück Kuchen wolle? Ich sprach ihn auf den Stapel Briefe an, und ob er denn mittlerweile Antwort von seinem Freund aus der Schweiz erhalten habe. Ja, seine Augen strahlten, im Glanz der Brille. *Komm mit,* und er erhob sich langsam, bedächtig aus dem Sessel, blieb eine Weile stehen – »ich muss das Blut sich erst einmal sammeln lassen, wenn ich nach so langer Zeit aufstehe« – und ging zu seinem Schreibtisch. Draußen war es bereits dunkel, der Turm in der Ferne leuchtete im Strahlenkranz, die dürren Äste der Bäume stachen im Halbschatten hervor. »Hier.« Er gab mir den Umschlag. Darin war die Übertragung des Briefs von Heidegger –

Freiburg, Br (eisgau) 6. April 1966

Lieber Herr Dr. Boehm,

länger darf ich mich nicht aufhalten lassen, Ihnen herzlich zu danken für die beiden wichtigen Veröffentlichungen, die Sie mir geschickt haben. Die Übersetzung von Merleau-Pontys Abhandlung über die Phänomenologie der Wahrnehmung wird die Bedeutung des allzu früh hinweggenommenen Denkers erstmals in Deutschland sichtbar machen, aber auch zugleich die Schwere der kaum recht angesetzten Problematik der Leiblichkeit näher bringen.

Ihre Aristoteles-Interpretation kommt zur rechten Zeit. Sie wird die Aufgaben, die auf diesem Feld langsam deutlicher werden, ersichtlich fördern.

Leider muss ich mich beim Andrang der eigenen Arbeit vorläufig noch darauf beschränken, gelegentlich in Ihren Veröffentlichungen zu lesen, ohne die gehörige Nachprüfung. Das gilt freilich auch von allen anderen zahlreichen Schriften, die fast täglich ankommen.

Aber einen besonderen Wunsch möchte ich doch auch noch äußern, nämlich dass Sie bald auch die Möglichkeit haben, eine geeignete Gelegenheit für eine fruchtbare Lehrtätigkeit zu finden.

Denn diese ist auf dem Feld der Phänomenologie, wie immer man sie verstehen mag, das Nötigste.

Mit vielem Dank und mit guten Wünschen für Ihre Arbeit grüße ich Sie in freundlicher Gesinnung

Martin Heidegger

X.

Im Brüsseler Hauptbahnhof ging ich in den Kiosk und verlangte die langstieligen Zigaretten, die ich versprochen hatte mitzubringen. Ein Regal kleiner Schreckensbilder füllte die Wand, mit blutenden Rachen und offenen Kehlen. Sammelbildchen für die ganz hart Gesottenen – *im Leben wird dir nichts geschenkt.* Der kleine Junge hinter mir sammelte vielleicht Fußballbildchen, unser Pastor hatte uns früher Marien- und Heiligenbildchen gegeben. Leblos, starr und matt wirkten sie, auf dünnem Papier gedruckt, das gleich verknitterte. Ich hatte sie achtlos weggeworfen, irgendwann. So wie sich kein Raucher von den eiternden Mündern in seiner Lust, Sucht abschrecken ließ. Bilder ohne Wirkung, nichts, um dabei zu verweilen, still zu stehen. Bilder in ihrer Eindeutigkeit, durchschaubar, durchsichtig, Fenster nur für anderes, Gedanken, die sich verlieren, Ablenkungen, Erinnerungen. *Was sollte es sein? Ja, genau, die langen Camel, bitte.* Ich steckte den kleinen Bauturm aus vier Maxi-Packungen in meine Tasche und zwinkerte dem Jungen zu.

Auf dem Schreibtisch des Philosophen hatte noch mein Buch gelegen. Und so wie die Briefe lag dort nur, womit er sich weiter beschäftigen wollte. Beschäftigen, das war sein Wort für Leben, Existieren, Aus-sich-heraustreten, den anderen nahe sein. Inter-esse, im Zwischen sein, seine Vorstellung des Wesentlichen, auf dem Boden alltäglicher Sorge und Lebenswelt, dem Seinsgrund abgewandt. »Wir haben noch gar nicht über Dein Buch gesprochen«, meinte er zu mir am Telefon, als er zum neuen Jahr anrief. Ende Januar musste ich wieder in Gent arbeiten, waren die Prüfungen an unserer Hochschule. »Wieder an einem Mittwoch, um vier?« Abgemacht. »Und bringst du mir wieder Zigaretten mit?«

Im vergangenen Jahr war er bereits tot gewesen. Für einige Minuten. *Meine Todeserfahrung,* nannte er es, *enthoben von der Lebenswelt*, im Totenreich. »Es war sicher nicht schlecht«, unkte er, aller Regungen befreit, Raum und Zeit überlassen. Man hatte ihn retten können, im Krankenhaus, im gleichen Krankenhaus, in dem ein ehemaliger Student, später bekannter Kurator und Museumsdirektor in Gent, gestorben war. »Ein brillanter Mann, er hatte hervorragende Noten bei mir.« Ihm, der wie der Philosoph ein starker Raucher gewesen war, wurde im Krankenhaus damals die letzte Zigarette verweigert. Aus Sicherheitsgründen. Traurig schaute der Philosoph mich an, sein Blick nur eine Ahnung zu sehen, seine Traurigkeit tiefste Innerlichkeit, Ferne. Der Direktor, Lebens- und Kunstgenießer hatte auch das Sterben bewusst erleben wollen. Sterbehilfe, wenn es irgendwie ginge, wollte er nicht, nicht wie ein berühmter Schriftsteller vor ihm, der unheilbar krank ein letztes Fest im kleinen Kreis gab, bevor er am anderen Morgen im Krankenhaus unter ärztlicher Hilfe verschied. Doch dass er nicht mehr würde rauchen dürfen, jene letzte Zigarette, das hatte er wohl nicht erwartet. Die Zeiten hatten sich geändert. Der Rauch der Muße war verweht, nackt die Geste der Hand am Kopf, ohne Zigarette. Nicht so für den Philosophen. Seine Frau schien ihm die Zigaretten zu verweigern, doch heimlich rauchte er nicht. Er war ungleich älter als sie, ließ sich nichts verbieten, da mochte sie noch so dagegen sein. Wieviel Rauch durchzog seine Haut und Knochen? War er Teil seiner Zirkulation geworden, ebenso kreislauferhaltend wie die Lungen vernichtend? Er war über neunzig Jahre alt, hatte den Tod überlebt – wer wollte ihm etwas sagen?

Mit seinem Assistenten hatte er Ausschnitte aus meinem Buch gelesen. »Es ist eine Religionsphilosophie, nicht?« Ich wusste es nicht. Vielleicht. Ich hatte versucht, dem Mädchen auf dem Bild – wie es in die Ferne blickt, mit dem toten Spatz in den Händen –, zu antworten. Ernst und still schaute es auf, als ob es eine Frage stellen wollte, die sie nur mit diesem Blick, im Leid sich anzuvertrauen, aufzuschauen, zu stellen vermochte. Was bedeutete der Tod ihres kleinen Spielkameraden – *der Tod?* Vier, fünf Jahre war es vielleicht auf dem Bild, wer wusste es schon. Das Gemälde stammte aus dem frühen 16. Jahrhunderts, war nicht signiert, das erste seiner Art, hundert Jahre bevor sich überhaupt ein Genre dieses Themas entwickeln sollte – *Mädchen mit totem Vogel*. Es war ein kunsthistorisches Rätsel, nur in seiner Gegenwart bestimmt, seiner Erscheinung. Vollständig erhalten war es nicht, mehrfach übermalt an einigen Stellen. War es überhaupt als ein solches Bild gedacht gewesen, nicht Teil eines größeren Familienportraits, zum Beispiel? Immer wieder betrachtete ich diesen Blick – in der Spannung zum toten Auge des Vogels, wie das Mädchen den Vogel in seinen Händen barg, zeigte, hilfesuchend, unbeholfen, in den Zustand gebannt, einer Momentaufnahme, allem Anschein nach. Es gab eine Verbundenheit, Komplizenschaft im Leben, die das Mädchen gespürt haben mochte, mit dem Vogel, spielerisch leicht, wenn er vor ihr flog, direkt vor ihren Augen, Flügel- und Wimpernschlag im aufgeregten Blick, im schnellen Herzschlag zu zweit; und die sie umso schmerzlicher spürte, mit seinem Tod.

Ich hatte keine Religionsphilosophie zu entwerfen versucht, nicht wie Habermas mich religiöser Quellen für die allgemeine Philosophie bedient. Ich war der Skepsis nachgegangen, wie sie mich einst vom Glauben fortgeführt hatte, zur Philosophie; und wie mir der religionsfeindliche Dogmatismus scheinbar aufgeklärter Philosophen verdächtig vorkam, nicht besser als die katholische Dogmatik selbst. Nur wenige schienen bereit, sich der Eindeutigkeit zu verweigern, nicht einer Identität nachzustreben, die sie zu sein behaupteten, das ganz und gar Eine. Ich wollte die Philosophie gegen die Religion und die Philosophie gegen ihren eigenen aufklärerischen Dogmatismus wenden. Ich wollte nicht wie der Spitzbärtige Gläubige belächeln, ihnen jede intellektuelle Redlichkeit absprechen. Wie der Philosoph glaubte ich an nichts Übernatürliches, keine göttlichen Kräfte, kein Heil und dergleichen. Aber ich wollte damit kein Wissen behaupten. Ein Agnostiker klassischen Falls. Vielleicht. Was aber hatte der Skeptiker zu bieten? Dieser schmalen Spur folgte ich. Und im Grunde führte sie mich zu drei erfahrenen Annahmen: den übergreifend kulturellen Austausch; den partnerschaftlichen Austausch; den Austausch von Eltern und Kind – im Umgang mit Leben und Tod. Sich der eigenen Vergänglichkeit zu überlassen, in diesen Formen des Austauschs, einzugehen in kultureller, einander tragender, umeinander sorgender Bedeutung. Im Handeln, wie es der Philosoph als Maxime für die Lebenswelt bestimmt hatte.

Ich konnte ihm nicht erwidern, was er mir so leicht mit unserem letzten Gespräch hatte geben können – die Jahre gebündelter Einsicht, genauer Überlegungen, ausgestandener Verwerfungen. Ich befand mich mitten darin, und mein Büchlein war nur ein Ansatz gewesen, um weiterzukommen, überhaupt einen eigenen Weg zu finden, über die Aufgaben hinaus, mit denen man den Anforderungen im Lehrberuf genügte, eine systematische Doktorarbeit, auf überschaubare Sachthemen zu beschränkende Abhandlungen. In der Philosophie ging es doch immer um mehr als jeglichen Betrieb. Zugleich wollte der Betrieb erhalten bleiben, speiste er sich aus eigenen Bedingungen, schloss sich als System gegenüber anderen Bereichen ab, wie es Soziologen souverän erklärten. *Nur mit diesen Zwängen findest du deine Freiheit* – das war von vornherein deutlich. Und so wurden die ersten Jahre ein sich dazwischen- und hineinzwängen, wegdrängen, hindurchdrängen, auch wenn es kaum sichtbar war. Wessen Schriften würden veröffentlicht, dank welcher Seilschaft, über welchen Professor, mit welchen Mitteln, bei welchem Verlag? Immer gab es Einschnitte, Verengungen, Auswahlbestimmungen, Geldfragen. Akademischer Triathlon auf Lebenszeit, so schien es.

Ich las ihm Stücke aus meinem Buch vor. Zunächst unterbrach er mich ständig, fragte nach, suchte er das Gespräch. Mein Buch aber entfaltete keine These, Behauptung. Vom Eindruck des Bildes ausgehend, umkreiste ich seine Bedeutungen, historisch, kulturell, für das eigene Leben. Aus der Beschreibung entstanden die Gedanken, lösten sie sich zu eigenständigen Passagen. Einige davon suchte ich aus, weil ich glaubte, seinem eigenen Vorgehen so näher zu kommen als mit den freien Stellen, in denen assoziativ Gedichtzitate und Gedankenflüge einander durchdrangen …

»Heidegger kommt gar nicht vor.«

Nein.

Er schmunzelte.

Ich schenkte ihm etwas Wasser nach. Unserer eigenen Verlegenheit geschuldet, kaum mehr die Zeit haben zu dürfen, einander wirklich zu verstehen.

XI.

Was uns beschäftigt hatte, war erledigt – seine Aufsätze lagen druckreif vor, wir hatten ausgiebig über sein Denken und Leben gesprochen, in mein Büchlein geschaut, ansatzweise. Sogar eine Veröffentlichungsmöglichkeit hatte ich ihm glücklicherweise vermitteln können, dank eines befreundeten Philosophen in Berlin. Bei seinen alten Hausadressen kannte man ihn nicht mehr. Er hatte die Texte in Leuven der Zeitschrift für Philosophie angeboten, doch den jungen Kollegen fiel nichts Besseres ein, als sie wegen unvollständiger Quellennachweise abzulehnen. »Als ob ich ein Buchhalter wäre«, meinte der Philosoph empört, »natürlich lässt sich alles immer noch mehr belegen, aber ich stehe doch selbst dafür ein, dass die Angaben stimmen.« Die Standards hatten sich verschärft, das Vertrauen in den Einzelnen war gesunken. Nur offensichtlich war den Kollegen überhaupt nicht bewusst, wer sich da in welchem Alter an sie gewendet hatte. Fachidioten, in ihrer Verengung auf den Betrieb, Angst um ihr Fortkommen, die weder das Gespräch suchten noch die Selbstverständlichkeit besaßen, eine Ausnahme zu machen, sie als solche in einen eigenen Zusammenhang zu stellen, mit einer erklärenden Einleitung, umstandslos. Zum Glück erinnerte man sich in Deutschland an den Philosophen, und gern nahm ein Herausgeber die Texte in seine Reihe, mit einem kurzen Vorwort, in dem ich die nötigen Hinweise gab.

»Kommst du mich denn nochmal besuchen?«, hatte er zum Abschied gefragt, und mir wieder einen Kuss auf die Wange gegeben. Sicher, gern. Ich spazierte an der Häuserreihe entlang, im gelben Schein der Laternen. Es gab keinen sachlichen, fachlichen Anlass mehr, sich zu sehen. Er hatte unsere Nachmittage sichtlich genossen, in seiner Stille, dem verwaisten Arbeitszimmer, der nicht weiter benutzten Bibliothek. Was würde nun auf dem Schreibtisch liegen bleiben? Was gab es noch zu tun?

Sicher, gern. Ich zögerte, ihn anzurufen. Das Semester begann – in Flandern, an unserer Hochschule, zum Februar. Studierende wandten sich an mich, Kolleginnen und Kollegen, Sitzungen sollten abgehalten, Fragen geklärt werden, der Unterricht kam in Fahrt. Das wusste auch der Philosoph. Wie lang sollte ich warten, mochte er warten? Ich hatte mich noch nicht weiter in seine Arbeiten vertieft, weitere als die fünf, sechs Bücher gelesen, die mir am wichtigsten erschienen waren. Und es gab mehr als genug zu lesen, für die eigene Arbeit. Es wurde Frühling, und ich musste mir eingestehen, dass mein Zögern auch daran lag, dass ich nur schwer ihm auf Augenhöhe begegnen konnte, so herzlich er mich dazu einlud, so sehr er mir auch das Gefühl gab, längst sein Interesse gefunden zu haben. Es waren äußerst konzentrierte Nachmittage auch, bei denen ich mich bemüht hatte, stets umsichtig, passend, ausgewogen auf ihn einzugehen. Die Gespräche hatten auch mich Kraft gekostet – und zugleich hatten sie mir ungleich viel gegeben, schlenderte ich danach durch Gent, aß eine Kleinigkeit in meinem liebsten Bistro, hing den Gedanken nach, die wir geteilt hatten. Vielleicht ging es immer wieder um den *Trost der Philosophie*, wie Boethius es in Worte gefasst hatte, in seiner Zelle, zum Tode verurteilt. Die Zelle, die Höhle nach Platon, die Natur, der wir angehören und nicht, im *Wissen* um unsere Hinfälligkeit. *Dass*, würde der Philosoph sagen, *müssen wir wissen*. Eine Gewissheit, die zu welchem Wissen führt? Davon auszugehen. Nicht von dem Wissen ohne Gewissheit, Gewissen – einem Wissen der Selbstvergessenheit, noch auf der Suche nach Wahrheit und Sein. Die Bedenken melden sich von der Gewissheit her an, um das eigene Leben und Sterben.

Im April dann seine vertraute Stimme am Telefon – »Wir wollten uns doch noch mal treffen, nicht?« Ja. Von Woche zu Woche hatte ich in meinem Kalender notiert, ihn endlich anzurufen. Dann tat er es. Er wusste, dass nun Osterferien waren, der Ansturm des Semesters vorbei war. Wir verabredeten uns für Anfang Mai, wieder für einen Mittwochnachmittag. Und wie der Zufall so spielt, war es der 8. Mai. Ich hatte mir nichts weiter dabei gedacht. Für ihn jedoch war es der Tag der Befreiung, nach wie vor – das Ende des Zweiten Weltkriegs.

»Wie denken die jungen Leute heute darüber?«, wollte er von mir wissen. Und ich dachte an eine Frau der Kriegsgräberfürsorge, die mir vor Jahren auf einem Kongress über Bilder der Gewalt begegnet war, und die von ihren Sorgen sprach, dass kein Nachwuchs die Fürsorge übernehmen wollte. »Es ist wie bei Ihnen – Ihr Vater unterstützt uns, weil sein Vater im Krieg gefallen ist, aber für Ihre Generation scheint das nicht weiter von Belang zu sein.« Sie hatte recht. Ich hatte nie einen Bezug zu Soldatenfriedhöfen, hatte den Kriegsdienst verweigert, mich von all dem abgewandt. Die Friedhöfe schienen Sache der älteren Generation zu sein – oder des Staates, als Hüter historischer Stätten. Das Gedenken der Kriegsverbrechen, der rassistischen und totalitären Verfolgung, der Shoah – dieser Seite hatte ich mich zugewandt. Die Europäische Union schien ein Garant dafür zu sein, dass einen selbst ein solcher Krieg, ein solcher Wahnsinn nie ereilen würde. Ich hatte bereits ein gespaltenes Verhältnis zu dieser Vergangenheit. Und die Studierenden? Für sie war ich bereits ein historisches Fossil, wenn ich vom Fall der Berliner Mauer erzählte – sie selbst mittlerweile Jahrgang 2000, 2001. Meine Großeltern hatten den Krieg erlebt, meine Eltern wurden zu seiner Zeit geboren. Der Krieg lebte in Redewendungen und Gesten fort, in Verhaltensweisen, in Bierkrügen hinter Glas, die von Feldzügen mitgebracht worden waren; in panischen Anwandlungen eines Onkels, der vom Albtraum gejagt schreiend durchs Dorf lief, der Hölle von Stalingrad lebenslang nicht entkommen; in allem, was nach fünfziger Jahre roch, in Kneipen, Wohnungen, Kellern, fern jeden kritischen Aufruhrs der sechziger Jahre, auf dem Land, wohin das Wort von der ›Befreiung‹ erst dreißig Jahre nach Kriegsende reichte, vom Bundespräsidenten persönlich ausgesprochen. Gespalten wuchsen wir durch diese Zeit – die Großeltern, die überzeugte Nazis waren oder sich in erster Linie um sich selbst sorgten, zwischen ihrer im Krieg vernichteten Jugend und der Jahre des gleichmütigen Aufbauens, Weitermachens danach; die Eltern, die dem Albtraum zu entkommen suchten und zugleich das Erbe trugen; und deren Kinder, die zwischen den Großeltern und Eltern ihren Weg dadurch zu finden hofften, aufgewachsen mit den wirbelnden Pferdefreuden vom Immenhof genauso wie der Kritik eines Rudi Dutschke, auf dem Land wie in der Sehnsucht nach der Stadt, der Freiheit, vieler Herkünfte, vieler Sprachen. Zerklüftet, die Geschichte: *Das Eismeer* – wie im Bild von Caspar David Friedrich.

Der Philosoph erzählte mir von seinen Erlebnissen gegen Ende des Krieges. Er war einer Gruppe zugeteilt worden, die in Sachsen von den Russen eingekesselt zu werden drohte. Die Hauptstadt war bereits erobert, befreit, Hitler tot. Niemand, der in seiner Gruppe darüber bestürzt oder begeistert gewesen wäre. Es ging um das eigene Schicksal. Und der Kommandant der Gruppe wollte nicht in russischer Gefangenschaft landen. »Wir werden sie angreifen«, soll er gesagt haben, »damit rechnen sie nicht.« Es konnte nicht mehr als eine Täuschung sein, die Front zerfiel, die Armee war geschlagen. Doch es reichte wohl, die Amerikaner zu erreichen, um dann von ihnen gefangen zu werden. Der Philosoph kam durch die Gefangenschaft nach Prag, blieb dort in einem Lager, bis er gehen durfte. Buchstäblich. Er schaffte es zurück nach Leipzig, zu seinen Eltern – wie mein eigener Großvater von Wien zurück ins Bergische Land, noch während des Krieges, als Deserteur, um dort geschützt die Befreiung zu erleben, während mein anderer Großvater, nach seinen Kriegsdiensten bereits freigestellt, aus eigenem Willen 1945 einen der letzten Züge nahm, die von Göppingen aus an die Ostfront fuhren, um das, sein, ihr Nazireich zu verteidigen. Wie mochte es gewesen sein, hätte der Philosoph sich mit meiner Großmutter unterhalten können, die mir im hohen Alter noch vom Lichtdom in Nürnberg vorschwärmte; die mir stets das Gefühl gegeben hatte, ihr ein und alles zu sein; und die ich von klein auf liebte? So wie er sich vor der Hochschule im Schnee an den klirrenden Winter in Berlin erinnert hatte, so war er nun in Gedanken in Sachsen, Prag, wieder zuhause bei seinen Eltern, die auch nach der deutschen Teilung in Leipzig blieben. Mühsam war es gewesen, aus der Gefangenschaft zu ihnen zurückzukehren, umständlich blieb es, sie in der DDR später regelmäßig zu besuchen. »Dabei habe ich nie Probleme gehabt. Wenn man sich an alle Vorschriften hielt, ging es ganz gut.« Seine Besuche bei den Eltern wollte er nie durch welche auch immer kritische Einflussnahme in Gefahr bringen (so wie andere beim Schmuggeln von Manuskripten erwischt wurden). Deutschland war geteilt worden, von den Alliierten. Ihnen darin zu folgen, das Land als zwei gegensätzliche Seiten zu verstehen, lag ihm fern – während ich wie selbstverständlich damit aufgewachsen war, dass West- und Ostdeutschland auf ewig voneinander getrennt schienen. Die Wiedervereinigung hatte er jahrzehntelang gelebt, trotz aller staatlichen Widrigkeiten.

So war er auch gut mit Philosophen in der DDR bekannt gewesen, Wolfgang Eichhorn etwa. Eichhorn hatte die Erlaubnis erhalten, in Trier auf einer Tagung über Karl Marx zu sprechen, in der Geburtsstadt des materialistischen Denkers. Mit einer Gruppe Philosophen machten sie einen Ausflug an die Mosel, als sie auf einmal am Ufer gegenüber dem Ort Kues sahen. Das musste der Geburtsort des Nikolaus Cusanus sein, wie er sich genannt hatte. »Ob wir das Geburtshaus erkennen?« Wie sollte man es aber erkennen, von fern? Man konnte Vermutungen anstellen, einige Häuser kamen in Betracht, vielleicht. Bis Eichhorn endlich die allesentscheidende Frage stellte: »Warum wollen wir das eigentlich wissen?« Dem Philosophen blieb diese Anekdote ins Herz geschrieben, so gern erzählte er sie. Der Kollege hatte ihm aus der Seele gesprochen. Wissen ist kein Selbstzweck, die vermeintliche Kinderfrage bringt es zurück auf den Boden der Lebenswelt, auch hier an der Mosel: warum, wozu? Und so wurde, wo es kein begründetes Interesse gab, aus der Gruppe kurzweiliger Erkenntnistheoretiker wieder eine Gruppe fröhlicher Ausflügler, die sich von den Anstrengungen der Tagung erholten, in schönster Umgebung.

Wir hatten zu unserem Gespräch gefunden. Einem unserer Erfahrungen, Gedanken dazu, ohne Manuskript, Buch oder Anlass. Wir teilten diese zerklüftete Geschichte, aus dem eigenen Erleben, als die erste und letzte der Generationen.

XII.

Im Monat darauf wurde der Philosoph in ein Hospiz aufgenommen. Die Wochen vergingen, ich hörte nichts weiter. Bis mich seine Frau anrief. Wir waren gerade aus dem Sommerurlaub zurück, Anfang August. Dass ihr Mann zum Abschied noch einige wenige Freunde sehen wolle. Und ob ich Zeit hätte. Sie gab mir die Adresse. Mittwoch sei gut? Gewiss. Mittwoch, um drei Uhr.

Es war der heißeste Sommer, den ich je erlebt hatte. Wir kamen von Freunden aus den USA, wo es überall 40 Grad Celsius war, und im Schweiß unserer Gesichter trauten wir unseren Augen nicht, als die New York Times Bilder aus Europa zeigte: 40 Grad in Paris, 42 Grad in Brüssel. In Brüssel? Belgien? Wo man auf die Frage, *wie geht es dir?*, gern antwortet: *mieux que le temps!*, *besser als das Wetter!*? Vielleicht stimmte die Bemerkung schon wieder, wenn man sich trotz der Hitze frisch fühlen mochte, den ganzen Tag im Schatten …

Ein furchtbarer Sommer für alte Leute; die kaum mehr tranken, nur schwer atmeten, wenig schliefen. Auf den Schlaf kam es dem Philosophen nicht mehr an. Ich fand ihn auf der Terrasse unterm Sonnenschirm, während die anderen Bewohner im Aufenthaltsraum Karten spielten. Mit sportlicher Schirmmütze saß er, in seinen Rollstuhl gesackt, am Tisch. Er hatte sich seiner Situation überlassen. Man hätte ihn auch zuhause versorgen können, doch das wollte er seiner Frau nicht antun, die zugleich für ihre totkranke Mutter sorgte. Kein Buch in seiner Nähe, blinzelte er durch die Brille, genoss er die Hitze, unterm Schirm noch beschirmt. Eine Pflegerin brachte uns Kaffee und Saft. Ich wusste, es würde der letzte Besuch sein. Worüber würde sich der Philosoph freuen? Er verehrte Goethe, und so hatte ich dessen Gedichte dabei, falls er eines hören mochte. Vier hatte ich ausgesucht, um selbst einen Vorschlag machen zu können: *Auf dem See*, in der späteren Fassung, 1775; *Dauer im Wechsel* von 1803; *Allerdings, Dem Physiker* gewidmet, 1817; und *Aus-*

söhnung, über die Musik, von 1823. Ihm aber war nur eines wichtig: das lebendige Gespräch. »Lass uns reden«, meinte er, den Faden nicht zu verlieren, wo er schon zerfasert liegt. »Hast du die Zigaretten dabei?!« Ja, die hatte ich, wie Schwarzhändler unter sich. Ich steckte sie ihm in seine Tasche am Rollstuhl (für auch seine letzte Zigarette). »Ich bin gefallen.« Über der Nase zog sich ein blauer Striemen längs der Stirn, ein Bluterguss. »Die halbe Nacht habe ich auf dem Boden gelegen.« Kam denn niemand vorbei, um nach dem Rechten zu sehen? »Es dauert ewig, bis dir geholfen wird.« Man solle sich nichts vormachen – versorgt würde man hier, nicht umsorgt. »Jede Woche stirbt jemand.« Die Wartehalle des Todes, und wie man sich die letzte Zeit auch noch vertreibt – »Ich habe eine kleine Umfrage gemacht«, meinte er, weniger schelmisch als immer von neuem *interessiert.* »Was die Leute wissen vom Leben.« Und er schaute mich an, als dürfte man durchaus Erwartungen hegen, was das Wissen vom Leben denn wohl bedeute, am Ende. *Aber nein,* ahnte ich schon seine Antwort. »Sie sagen, sie wären viel gereist. Und wenn man sie fragt, wohin? *Dann wissen sie es nicht mehr.* Sie kennen noch ihre Verwandten, bestenfalls.« Einmal war er sogar fast übermütig und fragte seine Mitbewohner, ob sie vielleicht den Unterschied zwischen Beweis und Erklärung kennen. Jetzt musste ich aber schmunzeln. Als ob der Befreite aus Platons Höhlengleichnis im Alter zurück in die Grotte steigt, der jahrzehntelangen Entfremdung kaum gewahr. Niemand hier hatte ein Leben wie er geführt; niemand auch ein weniger reiches als all die andern. Ihn hatte das Wissen umgetrieben, wie andere ihre Fragen und Probleme. Wer sie praktisch für sich gelebt, ent- und damit beschieden hatte, der mochte in der Gruppe im Aufenthaltsraum lieber Karten spielen, sich ein bisschen vergnügen, die Zeit vergessen, im Hier und Jetzt. Er dagegen mochte sich nicht einschließen lassen, im Hier und Jetzt, fand im Denken immer den Abstand, der ihm seine Lage nur erträglich machte. »Ich habe zu jeder Zeit mein Alter gelebt – als ich jung war, war ich jung, als Erwachsener erwachsen, und jetzt bin ich alt, in vollen Zügen.« Er nahm einen kräftigen Schluck aus dem Trinkkarton. Im Alter entkam man der Kindheit nicht, wieder wurde einem der Karton mit Strohhalm hingestellt. Sei's drum. Man sah ihn jetzt anders – wieder der Abstand, der einen darüber lächeln ließ, wenn aus dem zu vollen Karton etwas Saft auf die Hose spritzte. Er überlegte, wie er wohl sterben werde. »Eines morgens wache ich auf, und mein Herz schlägt nicht mehr, und dann bin ich tot.« Er lachte, hustend. »Es wird bald sein, sehr bald.«

Das Gespräch hatte ihn erschöpft. Ich fuhr ihn hinein, an den Kartenspielern vorbei, in den Gang, zum Raucherraum. Ein fensterloser Raum, nur in die Tür war auf Kopfhöhe ein rundes Bullauge eingelassen, so dass man von außen sehen konnte, ob da jemand im Rollstuhl vor sich hindämmerte. Ich schob ihn an den Tisch mit dem Aschenbecher. »Mach's gut«, sagte er zu mir, »wir werden uns wohl nicht mehr wiedersehen.« Und ich wünschte ihm alles Gute, als wäre der Alltag nicht längst eingebrochen, gäbe es noch ein Zurück, könnte ich in der Redewendung etwas hinüberretten, was wir das ganze letzte Jahr geteilt hatten – in die Unbeholfenheit, sich für immer verabschieden zu müssen.

XIII.

Die Trauerfeier begann. Ein großer Andachtsraum, holzvertäfelt, mit hohen Fenstern. Ich blieb im hinteren Teil, am Rand, wo einige Männer wie ich vereinzelt saßen. Entwurzelte Lebenswelt. Es wurde Musik abgespielt, ein Redner begrüßte die Gäste, im Namen des Krematoriums. Alles war einer Trauerfeier in der Kirche nachempfunden, nur ohne Gott, ohne Priester. Niemand sang, es gab keine Gemeinde. Nur Trauernde, Anwesende um den Abwesenden geschart. Der Stellvertreter sprach nicht als Nächster zu den Nächsten – er blieb in seiner Rolle, angemessen, würdevoll, gefasst. Er berichtete vom Leben des Philosophen, flocht manche persönliche Anekdote der Angehörigen mit ein, der einen Angehörigen, seiner Frau. Wer im hohen Alter stirbt, dem fehlen so viele der Zeitgenossen, eigenen Weggefährten. Eine Familie aus Deutschland schien nicht zugegen. Die Frau hatte einen Abschiedsbrief an ihn geschrieben, einen zärtlichen, innigen Brief, wie sie ihn selbst nicht zu lesen vermochte; der Stellvertreter trug ihre Zeilen vor. Dann sprach der syrische Freund, der den Philosophen die letzten Jahre begleitet hatte. Im Bus waren sie sich begegnet und miteinander ins Gespräch gekommen, über die bitteren Erfahrungen des Krieges. Wieder Musik, wie der Philosoph sie so liebte. *Die Vergangenheit*. Nun war sie endgültig angebrochen, für ihn, für alle, die sein Leben teilten. Einmal mehr. Sein Assistent sprach, von der vertrauten Zusammenarbeit, der philosophischen Zuneigung, die Welt miteinander zu teilen. Kein Kollege aus dem ehemaligen Gesprächskreis erhob sich, den Philosophen für sein Werk zu würdigen, kein Kollege der Universität. Es war seltsam verhalten, zurückgenommen. Zuhörer und Zuschauer saßen da beieinander, in ihre Passivität verstrickt. Das Ritual war entkernt und kaum selbst mehr mit Leben gefüllt. Nur wenige schienen dazu die Kraft zu haben. Der Abstand, den der Philosoph noch im Sterben eingefordert hatte, mit seiner Geisteskraft, Geistesgegenwart – er war verschüttet, in dieser einander abhandengekommenen Trauer. Nicht anders als seine Herkunft – sein Berliner Witz, die ganze seelische Vorgeschichte und Prägung, die der Philosoph aus Deutschland mitgebracht hatte; sie blieben unerwähnt, unnennbar fern. Der Frau, dem Freund, dem Mitarbeiter – ihnen konnte ich nur dankbar sein, teilnehmend, anteilnehmend, in der Trauer verbunden. Mich machte nur umso trauriger, was sich mit dem Abschied zeigte. Als wäre er schon nicht mehr unter ihnen gewesen, hielten sich die anderen Philosophen zurück, bis zum Ende. Offensichtlich waren die Bande längst zerbrochen, war es zu keiner Verständigung mehr gekommen, wann und wo sie auch gescheitert sein mag. Der Philosoph wurde nicht von einem Kollegen geehrt, wie ich es andernorts so oft erlebt hatte. Das Schweigen lag im Raum, der Urne entgegen. Ein Verschweigen über das Verstummen; wie eine Fremde, die sich selbst den Mantel enger schnürt, in der Anwesenheit sich zu entziehen.

Die verwendeten Zitate entstammen den Aufsätzen »Metaphysik und Phänomenologie« sowie »Mein Schlusswort über Heidegger«, erschienen im sechsten Band des *Internationalen Jahrbuchs für Medienphilosophie,* herausgegeben von Dieter Mersch und Michael Mayer, Redaktion: Jörg Sternagel, Katerina Krtilova und Lisa Stertz (Berlin/Boston, 2020); und der Abhandlung *Ökonomie und Metaphysik* (Würzburg, 2004).

Im Gedenken an Rudolf Boehm
1927–2019